AF603558

Extrait du Moniteur du 27 Juin 1816.

COUR ROYALE DE PARIS.

PROCÈS

DES AUTEURS ET FAUTEURS DE LA CONSPIRATION DE 1816.

La cour d'assises du département de la Seine commence demain 27 l'instruction publique du procès des auteurs et fauteurs de la conspiration de 1816.

Voici le texte de l'acte d'accusation rédigé par M. le procureur-général :

Le procureur-général près la cour royale de Paris expose que par arrêt du 7 juin présent mois, la cour a mis en accusation et renvoyé devant la cour d'assises du département de la Seine, pour y être jugés conformément à la loi,

Les nommés Jacques Pleignier aîné, âgé de 35 ans, natif de Bezouville (Moselle,) corroyeur demeurant à Paris, rue du Petit-Lion-Saint-Sauveur, n° 9.

Nicolas-Charles-Léonard Carbonneau, âgé de 34 ans, né à Pont-Lévêque (Calvados) maître d'écriture, demeurant à Paris, rue Pavée-Saint-Claude, n°. 8.

Edme-Henri-Charles Tollcron, âgé de 30 ans, natif d'Antrain (Nièvre) ciseleur, demeurant à Paris, rue des Francs-Bourgeois, n°. 3, au marais.

Jean Charles, âgé de 66 ans, natif de Vaillant (Bouches-du-Rhône), imprimeur, demeurant à Paris, rue Dauphine, n°. 36.

Jean-Baptiste-Antoine Lefranc, âgé de 55 ans, ancien architecte, né à Paris, y demeurant rue des Deux-Portes, n°. 4.

Victoire Mayelle, femme de René Picard, âgée de 27 ans, native de Rocroi (Ardennes), demeurant chez son mari, bottier, rue Neuve-des-Petits-Champs, n°. 38, à Paris.

Louis-François Despommiers Desbaunes, âgé de 50 ans, natif de Charoy (Yonne), officier de cavalerie à demi-solde, ex-garde-du-corps de MONSIEUR, demeurant en garni, place du Palais-de-Justice, n° 4.

Jean-Louis Dervin, âgé de 39 ans, natif d'Essonnère (Seine-et-Oise ci-devant aubergiste demeurant à Paris, rue Jean-de-Lépine.

Emmanuel-François Oscre, âgé de 40 ans, écrivain, natif de Paris, y demeurant, rue Saint-Victor, n°. 88.

Louis-Henri Oseré, de âgé 36 ans, praticien, natif de Paris, y demeurant rue de la Huchette, n°. 44.

Jacques-Emery Oseré, âgé de 48 ans, écrivain, natif de Paris, y demeurant rue de la Calandre, n°. 42, et tenant son bureau cour de la Saint-Chapelle, n°. 4.

Denis-Louis Sourdon, âgé de 34 ans, né à Rouen (Seine-Inférieure), ancien huissier, demeurant à Paris, rue Baubourg, n°. 31.

Jean-Justin-Descubes Delascaux, âgé de 32 ans, natif de Saint-Cyr, arrondissement de Rochechouard, (Haute Vienne), chef de bataillon d'état-major, demeurant à Paris, rue d'Anjou-Saint-Honoré, n°. 61.

Jean-Jacques-Benoit Gonneau, âgé de 57 ans, né à Rochechouart (Haute-Vienne), propriétaire, demeurant audit Rochechouard et à Paris, rue de l'Arbre Sec, n°. 64.

Edme Bellaguet, âgé de 45 ans, né à Sens (Yonne), ex-employé à l'administration de la guerre, demeurant à Paris, rue Saint-Honoré n.° 221.

François Bonnassier fils, âgé de 22 ans, bottier, né à Paris, y demeurant, rue St-Honoré, n.° 534.

François-Xavier Dietrich, âgé de 59 ans, natif de Havelrend (Haut-Rhin), tailleur, demeurant à Paris, rue Saint-Denis, n.° 97.

Louis-Armand Lebrun, âgé de 34 ans, natif de Pont-Audemer (Eure), apprêteur de schals, demeurant à Paris, rue Saint-Honoré, n.° 49.

François Bonassier père, âgé de 51 ans, natif de Seinsant (Gers), perruquier coiffeur, demeurant à Paris, rue Saint-Honoré, n.° 334.

Louis-François Philippe, âgé de 32 ans, né à Villane (Yonne), commissionnaire en eau-de-vie, demeurant à Paris, rue des Grands-Augustins, n. 11.

Jules-François Warin, âgé de 22 ans, ex-employé dans une maison de commerce, né à Paris, demeurant chez son père, au jardin des plantes.

Etienne-Firmin Lascaux, âgé de 26 ans, né à Caudat (Corrèze), étudiant en médecine, demeurant à Paris, rue de Seine n.° 42.

Martin-Charle Lejeune, âgé de 47 ans, né à Beauvais (Oise), ex-lieutenant des douanes, actuellement fruitier, demeurant à Vaugirard, n.° 19.

Laurent Drouot, âgé de 51 ans, natif de Lasgrellic (Yonne), marchand de vin, demeurant rue de Sèvres, n.° 1.

Louis-François Houzeaud, dit Ferdinand, âgé de 41 ans, jardinier fleuriste, né à Pantin, demeurant à Paris, rue de Vaugirard, n.° 83.

Jean-Louis-Prosper Carlier, âgé de 44 ans, natif de Louviers (Eure), ancien militaire demeurant à Paris, rue de l'Evêque, n.° 11.

Jean-Baptiste-François Garnier, âgé de 55 ans, cotonnier, né à Paris, y demeurant, rue des Gravilliers, n.° 38.

Et Edme Blançon, âgé de 58 ans, natif d'Espois (Côte-d'or), metteur en œuvre, demeurant à Paris, rue des Gravilliers, n.° 26.

Prévenus d'être les auteurs, complices, fauteurs ou adhérens d'un attetat et d'un complot contre la vie et la personne du Roi et contre la vie et la personne des membres de la famille Royale ; lesquels attentat et complot avaient aussi pour but de détruire le Gouvernement établi en France, de changer l'ordre de successibilité au trône, et d'armer les citoyens contre l'autorité royale.

Lesdits Marin et Lascaux prévenus en outre d'avoir, de complicité, soustrait plusieurs bouteilles de vin dans un cabaret où ils étaient reçus, lesquelles bouteilles appartenaient à autru.

Ledit Lascaux, prévenu d'avoir porté publiquement la décoration de la légion-d'honneur qui ne lui appartenait pas.

Déclare en conséquence, le procureur-général, que des pièces et de l'instruction résultent les faits suivants :

Dès le mois de Février, des hommes déjà connus par leur esprit séditieux, des chefs de la fédération de 1815, quelques échappés des clubs et des comités révolutionnaires, nés pour la plupart dans la lie du peuple, poussés au crime par la misère et échauffés sans doute par les instigations de personnages, plus importans, conçurent le projet horrible de faire périr le Roi, la famille, royale et de renverser le Gouvernement.

Quelle que fut l'extravagance d'une pareille entreprise, ils se flattèrent d'y réussir, par quelques-uns de ces moyens qui ne sont pas sans dangers entre les mains de gens audacieux et qui n'ont rien à perdre, et dans l'impatience de réaliser ce projet qui ouvrait un vaste champ à leurs espérances, ils ne tardèrent pas à en venir au moyen d'exécution.

Dans leur système, il fallait dabord faire un appel à tout ce qu'il y avait en France, d'ennemis de la paix publique, remuer ces élémens d'insurrection que l'on a vu fermenter à toutes les époques dans les guerres civiles : en concentrer les mouvemens, en calculer, en diriger la masse, établir un point de communication entre les moteurs, et un signe de reconnaissance entre les agens, et pourvoir à ces dispositions d'une manière assez mystérieuse, pour mettre en défaut la vigilance d'une police éclairée

Deux hommes que l'obscurité de leur condition semblait dérober aux regards les plus pénétrans, les nommés Pleignier, corroyeur, et Carbonneau, maître d'écriture, prirent sur eux cette partie d'exécution Les affaires de Pleignier étaient désespérées, et Carbonneau se reduit reduit à la plus profonde misère.

Pleignier alla trouver Carbonneau, l'excita à se rapprocher de lui, paya son loyer, dans la rue du faubourg Saint-Martin, lui choisit un nouveau logement rue pavée-Saint Sauveur, avança un demi-terme sur ce logement, à différentes fois, mais dans un court intervalle, compta à Carbonneau jusqu'à la somme de 200 fr. Pleignier demeurait rue du Petit Lion-Saint-Sauveur; placés ainsi l'un près de l'autre, ces deux hommes s'animaient réciproquement à la poursuite de leur dessein, s'exaltaient l'imagination, et consacraient les jours et les nuits à leurs machinations criminelles.

Ils convinrent de faire des cartes d'une forme particulière, qui seraient distribuées aux associés comme signe de reconnaissance et moyen de dénombrement; d'imprimer une espèce d'adresse ou de proclamation qui disposerait les esprits à un mouvement, indiquerait l'existence et le but de la conspiration, et provoquerait la coopération de tous les ennemis de l'autorité royale. Les cartes et exemplaires de la proclamation devaient être frappés d'un timbre sec, portant pour inscription: *Union, Honneur, Patrie,* et il fut décidé que les associés prendraient le nom de *Patriotes de* 1816.

(*La suite à demain.*)

Marseille, chez Antoine RICARD, Imprimeur du Roi et de la Ville, rue Paradis, n°. 31.

SUITE *du Procès des auteurs et fauteurs de la Conspiration de* 1816.

Pleignier acheta chez un serrurier de son voisinage, un marteau de fer de dimension et essaya de graver les timbres; il ne put y réussir. Carbonneau pour lever cet obstacle à son complice, lui donna un ciseleur, nommé Tolleron, qu'il avait connu en sa qualité de secrétaire de la fédération, pour un des promoteurs les plus ardens de cette société, et qui avait été mis en arrestation au mois d'août 1815, comme un des hommes les plus séditieux de la capitale. Ils allèrent le trouver ensemble. Ils lui dirent qu'il s'agissait de fabriquer le type d'un signe de reconnaissance pour une association de patriotes qui se formait sous l'influence de personnages des plus marquants. Pleignier engagea Tolleron à initier ses amis dans la connaissance de cette association, et le pressa de graver à l'instant même le timbre dont on avait besoin. Tolleron y consentit, et fit aussitôt un dessein d'après les idées de Pleignier. Pleignier et Carbonneau y donnèrent leur approbation; et Tolleron ayant pris le morceau de fer que Pleignier avait apporté, y grava les mots: *Union*, *Honneur*, *Patrie*, et le millésime de 1816, et au bout d'une heure donna le timbre ainsi confectionné à Pleignier et à Carbonneau qui l'emportèrent.

Il fut essayé le même jour sur des cartes, et comme une tranche du relief coupait le carton, Pleignier le rapporta le lendemain au ciseleur, qui répara cette imperfection.

Tolleron reçut pour salaire une somme de 65 francs. Tout annonce qu'il a reçu cette somme de Pleignier, ainsi qu'il l'a dit dabord, mais il a prétendu depuis qu'elle lui avait été apportée par un inconnu, le jour où le timbre fut réparé, et que cet inconnu lui ayant dit, en lui remettant la somme : *Vous savez ce que c'est* ; il avait conclu de ces paroles mystérieuses, que les 65 francs venaient de Pleignier.

Il paraît que Pleignier, lors de la seconde visite, était entré avec lui dans les détails du complot, lui avait découvert le but de l'association, et lui avait promis de lui remettre sa proclamation dès qu'elle serait imprimée ; et en effet, on verra bientôt Tolleron propager les principes des conjurés, distribuer la proclamation et les cartes, et devenir un des agens les plus actifs de la conspiration.

Dès que Pleignier fut en possession du timbre, il se procura du carton et se mit à faire les cartes.

On avait arrêté qu'elles seraient numérotées. Elles le furent par Pleignier, par Carbonneau et par Tolleron. On eut besoin d'ouvrir la première série des nos. par le n° 2001, pour donner plus de crédit à l'association et faciliter le recensement des initiés. Dix mille environ reçurent un numéro; et plus de cinq mille furent distribuées avec un zèle et des précautions incroyables.

Le Palais-Royal, la Bourse, les cafés, les cabarets, les lieux de débauche et de prostitution, tous les points de réunion des séditieux, des mécontens, des oisifs et plusieurs maisons particulières devinrent autant de dépôts où ces cartes affluaient secrètement, et d'où elles passaient dans les mains de tout ce que la capitale a de plus dangereux et de plus impur.

Cependant on avait promis une proclamation; elle était attendue avec impatience, et les conjurés brûlaient de la faire connaître. La rédaction en avait été concertée et arrêtée entre Pleignier et Carbonneau; si l'on en croit Pleignier cette pièce lui fut apportée toute écrite par Carbonneau; il voulait faire quelques observations sur la rédaction: Carbonneau refusa de les entendre, fit deux copies de la proclamation, lui en laissa une et emporta l'autre. Si l'on en croit Carbonneau c'est bien lui qui a rédigé la proclamation, mais il l'a rédigée d'après les idées de Pleignier, et pour ainsi dire sous sa dictée. Ce qu'il y a d'incontestable et ce qu'ils ne désavouent pas, c'est qu'ils en avaient l'un et l'autre médité la rédaction; que cet ouvrage est l'expression des sentimens qu'ils éprouvaient, le produit de leurs communs efforts, mais il s'agissait de faire imprimer cette adresse, cela présentait quelques difficultés. Pleignier et Carbonneau eurent encore recours à Tolleron.

Tolleron jeta les yeux sur le nommé Charles, imprimeur de la fédération, et l'un de ses compagnons à la Force, au mois d'août 1815. Il engagea Carbonneau à le voir de sa part. Carbonneau fit cette démarche, trouva Charles retenu au lit par un accès de goutte, lui montra le manuscrit de sa proclamation, et lui demanda s'il voulait se charger de l'imprimer. Charles parcourut le manuscrit et le rendit à Carbonneau, en lui disant: *envoyez-moi Tolleron*. Carbonneau, après avoir pris congé de Charles, vint trouver Tolleron, et lui fit part de sa démarche. Tolleron se rendit auprès de Charles, et dit le lendemain à Carbonneau: tu peux retourner chez Charles. Carbonneau partit aussitôt. Arrivé dans l'appartement de Charles, celui-ci le fit passer dans une pièce sur le devant, lut le manuscrit avec attention, ajouta de sa main les mots de 1816 après ceux de *Français courageux*, dans le même alinéa, le mot *reconquis* au mot *conquis*. Cette dernière expression lui paraissait impropre et même injurieuse aux vétérans de la révolution; il dit ensuite à Carbonneau, qu'il ne travaillerait pas lui-même à la composition de la planche, mais qu'il la ferait composer, et Carbonneau se retira. En sortant, il vit dans le cabinet de Charles le nommé Lefranc qu'il ne connaissait pas encore. Au bout de quelques jours, il retourna chez Charles, accompagné de Tolleron. Charles les invita à boire une bouteille de vin avec lui, et les conduisit chez un marchand de vin, nommé Delassus, qui demeure au coin de la rue Christine, en face de la maison de Charles. A peine y étaient-ils entrés que Lefranc s'étant présenté au domicile de Charles, et ayant su de la femme de Charles que son mari était chez le marchand de vin, alla l'y demander. On le fit monter dans un cabinet, où il trouva Charles buvant avec Carbonneau et Tolleron, on l'invita à boire un coup, il accepta, et la confiance établie entre les convives, Charles dit en adressant la parole à Lefranc: *voilà un écrit que ces messieurs me proposent d'imprimer*: c'était le manuscrit de la proclamation, l'on en fait lecture. Lefranc, homme de sens, fit plusieurs observations contre le projet : *qu'une telle entreprise demande de grands moyens, de vastes ressources, des chefs plus habiles et plus puissans*, et il finit en disant à Charles, *qu'il y aurait de l'imprudence à lui d'imprimer cet écrit, et de se compromettre sur la foi d'aventuriers, qui n'étaient faits pour inspirer aucune confiance.*

Carbonneau prenant la parole réfuta ces objections, soutint que le projet n'offrait rien qui ne pût s'exécuter; que les moyens ne manqueraient pas, et que la réussite était infaillible. On se leva, Lefranc sortit le premier; avant son arrivée, Charles avait annoncé à Carbonneau qu'il lui enverrait la planche par Lefranc, dès qu'elle serait composée. Après le départ de Lefranc, Charles renouvelle à Carbonneau la promesse de faire composer cette planche et de la lui envoyer, et en effet, huit jours après cette conférence, Lefranc apporta chez Carbonneau, de la part de Charles, un paquet enveloppé de linge et de papier ficelé; de forme carrée et plate, du poids d'environ dix à douze livres, et qui portait l'adresse de Carbonneau.

Carbonneau prétend qu'en lui donnant ce paquet, Lefranc recommanda de briser la planche dès qu'il en aurait fait usage. Lefranc soutient qu'il ignorait le contenu du paquet, et qu'il l'a porté à son adresse dans la seule vue d'obliger Charles, et croyant ne faire pour lui qu'une commission ordinaire et sans importance, mais il convient qu'il est allé deux fois depuis chez Carbonneau pour y chercher des exemplaires de la proclamation et des cartes.

Carbonneau ajoute que peu de temps après que la proclamation lui eut été remise, on la porta à Charles; il alla porter chez celui-ci des cartes et des exemplaires de la proclamation; que Charles lui témoigna la crainte d'être compromis par ses visites, et l'engagea à observer la plus grande réserve à cet égard, et qu'ayant déféré à cette espèce d'injonction au point de ne plus se montrer chez Charles, celui-ci, intrigué de ne plus le voir, lui envoya dire par Lefranc de se rendre chez lui; qu'il y alla, et qu'en le reconduisant, Charles le fit entrer encore une fois dans le cabaret de Delassus.

En recevant la planche des mains de Lefranc, Carbonneau l'avait portée chez Pleignier; ils s'occupèrent aussitôt de réunir les choses nécessaires à l'impression; le papier fut acheté dans la rue Montmartre, et payé avec l'argent de Pleignier. Pleignier remit aussi de l'argent à Carbonneau pour qu'il achetât l'encre d'impression et les balles ou tampons: il les trouva au faubourg Saint-Germain, où s'était adressé encore Tolleron pour avoir une presse. Tolleron ne réussit pas à se la procurer; Pleignier et Carbonneau y suppléèrent par deux ais de bois disposés de façon qu'en les serrant l'un sur l'autre après y avoir interposé la planche et le papier, ils fesaient l'office d'une presse. Par ce moyen, ils parvinrent à tirer la proclamation à mille exemplaires, dont plus de cinq cents furent distribués: le tirage eut lieu la nuit et dans la maison de Pleignier.

Cette proclamation a pour titre: *organisation secrette des patriotes de* 1816, et chaque exemplaire porte le timbre de l'association.

(L'acte d'accusation transmet ici les principaux passages de cette proclamation, provocant directement au renversement de la dynastie légitime.)

(*La suite à demain.*)

Marseille, chez Antoine RICARD, imprimeur du Roi et de la Ville, rue Paradis, n°. 31.

SUITE du Procès des auteurs et fauteurs de la Conspiration de 1816.

Ce manifeste incendiaire fut bientôt répandu dans Paris, et propagé dans les provinces avec l'art, le secret et l'ardeur que l'on connaît à ces boute-feux de révolution; devancé ou suivi par des écrits infâmes et par les bruits les plus absurdes, il excitait dans l'esprit de la multitude une fermentation dangereuse et réveillait dans le cœur des séditieux les plus coupables espérances; mais parmi ces derniers plusieurs trouvèrent que cette proclamation, toute significative qu'elle était en ce qui touchait la guerre civile et la destruction de la famille royale, laissait à désirer une explication plus formelle sur le but ultérieur de l'entreprise et sur la personne qu'on voulait porter au trône. Cela devint la matière de plusieurs objections adressées à la femme Picard par un officier à demi-solde nommé Desbaunes, et de communications orales et écrites ménagées par cette femme entre Desbaunes et Pleignier.

La maison de la femme Picard était devenue un dépôt de proclamations et de cartes, et un des foyers de la conspiration. Pleignier y venait souvent, il y avait même présenté Carbonneau dont l'extérieur négligé et la figure sinistre avaient effrayé la femme Picard. Cette femme qui paraît avoir été initiée très-avant dans le complot, se faisait remarquer par un zèle ardent, et Pleignier disait en parlant d'elle, « que n'ai-je une femme » aussi décidée et aussi courageuse que celle-là, » j'aurais entrepris au-delà de ce que nous avons » conçu, et les choses en iraient mieux ! »

Desbaunes qui s'était chargé de distribuer des proclamations et des cartes déposées chez la femme Picard, lui montra un jour de l'irrésolution; elle le taxa de faiblesse et de lâcheté. Il insista pour connaître les chefs et le vrai but du complot; elle lui désigna Pleignier comme un des principaux agens, et lui proposa pour lever tous ses doutes, un rendez-vous prochain où elle le mettrait en rapport avec Pleignier. Ce rendez-vous fut accepté et eut lieu dans l'arrière-boutique de Picard : on s'expliqua, Pleignier donna son adresse. Le lendemain Desbaunes a la le trouver, et il eut une nouvelle explication; mais Pleignier refusa toujours de nommer les chefs, *et dit que c'était son secret.* Il remit à Desbaunes des proclamations et des cartes.

Il paraît que ces deux explications ne satisfirent point Desbaunes, et qu'il exigeait quelque chose de plus positif : car huit jours après sa première conférence avec Pleignier, il lui fut remis par la femme Picard une note émanée de Pleignier et de Carbonneau, qui ne laissa aucune incertitude sur le but de la conjuration.

Cette notice trouvée dans les papiers de Desbaunes, porte en marge les mots....... *organisation secrète des patriotes de* 1816. (L'acte d'accusation transcrit ici cette note.)

Cette pièce, qui ne pouvait rien dire de plus sans compromettre des noms qu'on n'a jamais voulu prononcer, termina toute hésitation, les cartes circulèrent et vinrent s'arrêter dans des mains sûres et éprouvées. Desbaunes, après cette communication, revint encore une fois chez Pleignier, lui demander de nouveaux renseignemens, en reçut des proclamations et des cartes. Le noyau des conjurés se grossissait rapidement, et dès qu'on se vit en forces pour agir, on ne songea plus qu'à mettre la dernière main à l'exécution.

Dès la fin de février, Pleignier et Carbonneau en annonçant à Tolleron que les chefs de la conspiration étaient des personnages marquans, l'avaient déterminé à s'y associer par l'appât d'une grande récompense ; depuis ils lui exagéraient encore le prix qui l'attendait en cas de réussite. *Quoique tu puisses désirer*, lui disaient-ils, *tu recevras au-delà.* Enflammé par ces promesses il se dévoua tout entier à l'association; il recevait dans un atelier que lui avait prêté un nommé Leroi, et où il ne travaillait plus qu'à de longs intervalles, une foule de gens dont l'extérieur et les démarches attirèrent l'attention de Leroi et lui devinrent suspects. Il en parla à Tolleron dans les termes de l'amitié. Il lui représenta que de tels hommes finiraient par le compromettre, qu'il ferait mieux de travailler que de s'occuper de politique. *Tant pis pour eux*, répondit Tolleron, en parlant de ceux qui venaient le voir, *la plaine de Grenelle n'est pas morte.* Dans une autre occasion, il dit à Leroi en parlant des autres individus: *Ils sont toujours à me harceler pour avoir une presse, mais cela ne se trouve pas tout de suite; ils sont impatiens d'avoir ce qu'ils m'ont chargé d'imprimer.* Enfin, dans un dernier entretien, il s'excusa de n'être pas venu à l'atelier depuis troi semaines, *parce que*, disait-i là Leroi, *pendant ce temps il était porteur de quelque chose qui aurait pu compromettre sa maison.*

Tolleron était donc devenu une des chevilles ouvrières de l'association.

Dans les premiers jours de mars, il y avait initié Dervin, ancien capitaine de cavalerie et aubergiste à Paris, actuellement dépouvu de tous moyens d'existence, ex-commissaire de la fédération, qui s'était trouvé à la Force détenu en même temps que Tolleron et pour la même cause. Dervin initia Scheltien, autrefois agent de police, depuis militaire, son ami particulier et son hôte.

Quelques jours après, Dervin et Tolleron s'étant rencontrés dans le bureau de Jacques Oseré, Tolleron promit à Dervin de lui faire connaître la proclamation qui était encore en manuscrit ; le lendemain Dervin alla chercher Tolleron chez lui; ils se rendirent ensemble dans un cabaret, boulevard du Temple, que fréquentait habituellement Carbonneau ; ils l'y trouvèrent, on s'aborda, on but quelques verres de vin ; mais on était gêné par la foule. Tolleron proposa à ses deux amis un endroit plus commode, et ils le suivirent dans un cabaret de la rue Chapon: là on s'entretint de l'association et on parla de la difficulté que Charles faisait pour l'imprimer. On blâma la cupidité de cet imprimeur qui n'hésitait que par la crainte de n'être pas bien payé. On observa que la certitude d'une récompense en cas de succès devait lui suffire. On convint d'insister auprès de lui et qu'on parviendrait à le déterminer. On parla aussi d'attaquer le château des Tuileries. Dervin voulait connaître le chef de l'entreprise, et demanda où on aurait de l'artillerie; Carbonneau répondit *que ces Messieurs auraient de l'artillerie quand il en serait temps, et qu'alors aussi on connaîtrait les chefs de l'association.*

A quelque temps de là, Tolleron, Dervin, Scheltien se réunirent chez un marchand de vin rue Neuve-du-Luxembourg; on adressa plusieurs questions à Tolleron sur le projet des conjurés et les chefs du complot: Tolleron répondit en substance qu'il ferait connaître les chefs en temps utile; que beaucoup de gens qu'on croyait en Allemagne se tenaient cachés à Paris; que le but de l'association était de s'emparer des Tuileries, de se défaire de la famille royale, d'établir un gouvernement provisoire, dont les chefs étaient désignés et prêts à se montrer; de faire ensuite un appel au peuple pour savoir s'il voulait la république ou la royauté sous Napoléon II; et que le succès de l'entreprise était d'autant plus certain que les trois partis connus parmi les patriotes semblaient se réunir en faveur de Napoléon II.

Le bureau de Jacques Oseré situé au rez-de-chaussée dans la cour de la Sainte-Chapelle devint bientôt le rendez-vous ordinaire des conjurés. Jacques Oseré a trois frères qui ont quitté le service. L'un d'eux Charles Oseré a sa retraite de capitaine, les deux autres Emmanuel et Henry ne reçoivent point de pension. Henry a été sergent-major dans les fédérés, et au mois d'août 1815 il a été ainsi que Jacques détenu à la Force en même temps et pour la même cause que Tolleron. Emmanuel et Henry fréquentent habituellement le bureau de Jacques, et l'assistent dans son travail. Dès le mois de mars Emmanuel et Henry furent instruits par Tolleron de l'association des patriotes de 1816 et reçurent de lui chacun une carte.

Le lendemain, soit par défiance, soit pour tout autre motif, Tolleron étant venu leur redemander les cartes, ils les lui rendirent, mais tout annonce qu'ils n'en restèrent pas moins dévoués à l'association. Ils se rencontraient souvent dans le bureau de Jacques avec les conjurés assistaient à leurs conciliabules et propageaient leurs principes.

Descubes de Lascaux, ancien chef de bataillon d'état-major qui avait été employé à Saint-Cyr avec le capitaine Oseré, fréquentait le bureau de Jacques. Vers la fin de mars, il y mena un de ses amis, nommé Gonneau, ancien magistrat, destitué en 1814, et membre de la chambre dite des représentans en mai et juin 1815; ils y trouvèrent Emmanuel Oseré qu'ils conduisirent au cabaret, rue et arcade Saint-Anne ; Emmanuel leur donna connaissance du complot qui se tramait contre le Gouvernement et leur promit de les tenir au courant de ce qui se passerait, mais il tomba malade au bout de quelques jours, resta environ trois semaines au lit, et ne les revit plus.

Vers le 14 avril, Descubes le trouva au bureau avec Henry et Jacques Oseré, il les mena dans le cabaret de Souchon, arcade Sainte-Anne. Descubes témoignait son mécontentement d'avoir perdu sa place à l'état-major; on ne sait s'il fut question du complot, mais en rentrant au bureau on y trouva Scheltien qui lia conversation avec Descubes et lui donna rendez-vous dans le cabaret de la rue Neuve-du-Luxembourg. Scheltien et Descubes sortirent ensemble.

Tolleron venait également de tomber malade, aussi va-t-il disparaître un moment de la scène, mais absent comme présent, son esprit, ou si l'on veut l'esprit de Pleignier et de Carbonneau sera toujours le flambeau de la conjuration.

(*La suite à Midi.*)

Marseille, chez Antoine RICARD, Imprimeur du Roi et de la Ville, rue Paradis, n°. 31.

SUITE du Procès des auteurs et fauteurs de la Conspiration de 1816.

Dervin et Scheltien viennent assiduement au bureau de Jacques Oseré. Un jour que Dervin y trouve Henry Oseré, il se plaint de ce que Tolleron s'obstine à taire le nom des chefs, et il ajoute : *Tolleron est malade, mais le projet ne s'en poursuit pas moins, et tout s'organise.*

Dervin ne s'en tenait pas à des paroles, il observait le château des Tuileries, il en comptait les issues, il en examinait les alentours, il en calculait les forces, et il en levait avec l'assistance de Scheltien un plan grossièrement tracé à la vérité, mais dont l'exactitude est à l'abri de toute critique. Ce plan saisi dans ses papiers et qui est avoué et reconnu par lui, est joint aux pièces du procès.

Sourdon, ancien huissier à Rouen, poète et chanteur du café Montansier, pendant les cent jours, et l'un des compagnons de Tolleron et des frères Oseré à la Force, avait été mis dans le secret de l'association, par une personne qu'il ne veut pas nommer, et cette personne lui avait remis deux cartes, qu'il prétend avoir brûlées. Dans les premiers jours d'avril, il rencontra dans la cour Batave un maître d'écriture, *Schastel* qui causait avec *Bonnassier* fils. Il s'approcha d'eux, et la conversation s'étant tournée vers la politique, Bonnassier fils dit, en parlant du Gouvernement, « que les choses ne pouvaient tenir en » cet état, que dans peu il y aurait du changement, il savait cela de bonne part ; qu'il » voyait souvent des officiers, même des officiers » supérieurs, » et il donna une carte à Sourdon, en lui expliquant que c'était un signe de reconnaissance entre ceux qui conspiraient le renversement du Gouvernement. Les Bonnassiers sont parens ou alliés de la femme Picard. A la même époque, la proclamation fut communiquée à Sourdon, par un officier à demi-solde, dans la grande avenue du Palais Royal.

Le 25 avril, Sourdon étant venu voir les frères Oseré au bureau, il y trouva Dervin ; on y parla de l'association, et Jacques Oseré dit à Dervin : « tout va bien, j'irai ce soir ou demain » chez Manissier prendre des cartes pour les » distribuer, » et il fit en outre promettre à Dervin de lui en apporter une. Manissier a été arrêté ; mais il ne s'est point réuni contre lui assez de preuves pour qu'on le mît en accusation.

Le 26 avril, Sourdon rencontra dans la rue Saint-Martin Henry Oseré et Dervin, qui le ramenèrent au bureau de Jacques ; chemin faisant, ils s'entretinrent du complot ; arrivés au bureau ils y trouvèrent Scheltien, qui attendait Dervin : la conversation continua, on nomma Tolleron comme un des principaux agens de la conspiration, on annonça même qu'il allait venir mais il ne parut point. Au bout d'une demi-heure, Descubes arriva, il avait laissé Gonneau dans la cour de la Sainte-Chapelle ; on causa encore un quart d'heure sur le même sujet, et vers les onze heures, on se leva pour se rendre dans la maison de Souchon. On avait jugé prudent de ne pas s'y acheminer tous ensemble Scheltien et Descubes s'y présentent d'abord et y trouvent Gonneau déjà établi : Henry Oseré, Dervin et Sourdon entrent ensuite, et Jacques Oseré ferme la marche. Il paraît que ce dernier fut rappelé presqu'aussitôt dans son bureau, et ne fit qu'une apparition ; on ne se montra que par intervalle dans cette réunion. Mais il était monté avec les autres dans une salle au premier étage, qu'on avait demandée en arrivant, et il avait bu sa part des premières bouteilles.

Cependant on ne tarda pas à renouer l'entretien. Descubes en reproduit le sujet en présentant Gonneau à l'assemblée comme un des bons représentans de la chambre de Buonaparte, comme un de ses amis particuliers et devant lequel on peut se confier et parler sans crainte. Il engage son ami à faire voir sa médaille de représentant. Gonneau en fait l'exhibition ; Henry Oseré l'examine, et elle est remise à Gonneau.

On avait promis à Descubes un exemplaire de la proclamation. Dervin lui fait la remise de cette pièce ; on en donne lecture : Descubes la parcourt lui-même, la médite et la serre dans sa poche.

On passe bientôt à une discussion approfondie sur les moyens d'arriver à l'exécution du complot et sur le but définitif de la conspiration.

On se partage sur le mode d'attaque du château des Tuileries, et sur le moment où l'on fera cette attaque. Mais on convient que ce château sera attaqué, qu'il le sera le plus tôt possible, et que l'attaque aura lieu al nuit. On fait le dénombrement des postes qui doivent concourir à l'exécution.

Les fédérés dont la majeure partie a conservé ses armes ; les militaires qu'on pourra séduire les secours qui viendront de certains points de la capitale ; 500 cavaliers qui seront prêts pour le moment de l'action ; les chefs qui se montreront alors ; un officier supérieur de gendarmerie qui doit prendre le commandement de la garde nationale et des hommes dévoués que l'on trouvera jusques dans la garde royale.

Descubes témoigne quelques doutes sur la capacité et le dévouement des chefs, et se propose lui-même pour le commandement d'un escadron ou d'un bataillon, et même d'un régiment; mais il tient à être employé selon son grade.

Dervin objecte que, d'après le plan qu'il a levé des Tuileries, il n'y a pas moins de soixante issues, et qu'il faudra beaucoup de monde pour bloquer le château, et faire obstacle à la sortie des princes et à l'arrivée des secours. On reconnaît qu'il faudra placer du canon sur le Pont-Neuf, sur le Pont-Royal et le pont Louis XVI, afin d'isoler le château. Mais où se procurera-t-on de l'artillerie?

Henry Oseré répond qu'on *ne sera pas embarrassé pour s'en procurer, et que d'ailleurs la proclamation annonce qu'il y sera pourvu.*

Scheltien propose un moyen qui tranche toutes difficultés; son avis est de commencer l'attaque par l'explosion d'une mine pratiquée sous les Tuileries, dans l'aqueduc aboutissant au bas du Pont-Royal. Il démontre les avantages de ce moyen et la facilité de l'exécution; que c'est une voie prompte et sûre, et qui coûtera moins de sang qu'une attaque commencée de vive-force; que l'aqueduc se prolongeant sous la terrasse du jardin, à une très-petite distance du château et dans une ligne parallèle à la façade principale, l'effet de la mine est infaillible, que la grille qui ferme l'issue du souterrain sera facilement ouverte; que le cadenas en est vieux et rouillé et peut être forcé avec une pince, et que par une nuit sombre et à l'aide d'un bateau, on parviendra sans peine à transporter et à introduire dans cet aqueduc une quantité suffisante de barils de poudre, entre lesquels on établira une communication au moyen de mèches préparées à cet effet.

Cet avis obtient l'assentiment général.

Revenant à la partie politique du complot, on convient que le but immuable de l'association et de l'attaque dont on vient d'arrêter les plans, est de renverser le Gouvernement des Bourbons, de faire périr la famille royale toute entière, d'établir un gouvernement provisoire, de convoquer un nouveau Champ-de-Mai, et de faire appeler au trône le fils de Buonaparte.

Pendant cette discussion, Dervin, Schelti et Descubes parlaient avec une grande énergie.

Les frères Oseré allaient et venaient.

Gonneau et Sourdon disaient peu et approuvaient tout. Descubes insistait ponr qu'on lui fît connaître le nom des chefs de l'entreprise; on lui répondit qu'ils se feraient connaître au moment de l'exécution, que Tolleron en avait donné l'assurance; et l'on ne cessa, durant la délibération, de citer Tolleron, Manissier et Bellaguet comme les principaux agens du parti, et comme étant initiés plus avant dans les secrets de la conspiration. Dans une autre circonstance on avait déjà vu que Bellaguet était le secrétaire du comité insurrectionnel des patriotes de 1816.

Dans le conciliabule du 26 avril 1816, Henry Oseré, sur les instances de Descubes, lui donna l'adresse de Bellaguet, et lui dit: Bellaguet vous mettra au fait de tout; il était ici ce matin. Descubes donna aux personnes présentes un signe de reconnaissance, qu'il dit être en usage parmi les initiés. Ce signe consistait à se donner la main de manière à ce que les doigts formassent une N majeure. Après 2 ou 3 heures de conversation, quelqu'un observa que le local où l'on se trouvait n'offrait pas toute la sécurité désirable. Scheltien indiqua la maison d'un autre marchand de vin à l'enseigne du sacrifice d'Abraham, au coin de la rue de la Calandre; on s'y rendit, pour reconnaître les lieux, et en buvant un verre d'eau de-vie, on convint que ce serait là qu'on se réunirait à l'avenir, et l'on y prit un rendez-vous au lundi suivant; mais les conjurés ne se quittèrent point sans parler encore du projet. Gonneau se rappelle avoir entendu prononcer à l'un d'eux ces paroles : *Tout tuer hors deux.* Il ne sait pas lequel a tenu ces propos, ni de qui il a voulu parler : enfin, l'on se sépare; Henry Oseré vient retrouver au bureau Jacques Oseré qui n'était point venu au sacrifice d'Abraham. Descubes, Gonneau, Scheltien se dirigent vers le Pont-au-Change par la rue de la Barrillerie; Dervin et Jourdan s'arrêtèrent devant la boutique d'un épicier, près la porte de la cour de la Sainte-Chapelle. Le soir même ces deux derniers, qui ne s'étaient point quittés, se rendent au bas du Pont-Royal, observent l'aqueduc, en examinent l'issue, en constatent la direction, inspectent la grille et le cadenas, en un mot, prennent une exacte connaissance des lieux et vérifient la description qu'en avait donnée Scheltien. D'un autre côté, Descubes en parlant de s'aboucher avec Bellaguet, se décide à le voir sans différer.

Marseille, chez Antoine RICARD, imprimeur du Roi et de la Ville, rue Paradis, n°. 31.

SUITE du Procès des auteurs et fauteurs de la Conspiration de 1816.

Il prend congé de Gonneau, en promettant de lui transmettre ses découvertes, ses renseignemens, et se rend aussitôt chez Bellaguet.

Bellaguet n'est pas d'accord avec Descubes sur les circonstances de cette entrevue.

Descubes déclare qu'il se présenta chez Bellaguet comme un ami des frères Oseré ; qu'ayant déclaré son nom, Bellaguet lui dit : « J'ai entendu parler de vous par le capitaine Oseré, » qu'il demanda à Bellaguet des renseignemens sur l'état des affaires politiques ; que Bellaguet lui répondit qu'il ne le connaissait pas assez pour s'ouvrir à lui sur ces sortes de matières ; qu'il parla à Bellaguet de la proclamation des patriotes de 1816. Il lui dit qu'il en avait un exemplaire en sa possession ; que Bellaguet lui conseilla de brûler cet écrit, parce qu'il pourrait le compromettre : il ne peut se rappeler s'il a montré la proclamation à Bellaguet; qu'après cette première ouverture, Bellaguet lui offrit un rendez-vous pour le jeudi suivant, à 8 heures du matin, dans un lieu dont il lui laissait le choix. Il indiqua pour ce rendez-vous la maison d.

Gonneau, en faisant connaître à Bellaguet que Gonneau était un représentant de la chambre de Buonaparte ; que Bellaguet agréa cette maison et promit de s'y rendre, et Descubes ajoute que le lendemain n'ayant pu sortir, il écrivit un billet à Gonneau pour lui faire part de cet arrangement, et lui annonçait la visite de Bellaguet.

On a trouvé en effet dans les papiers de Gonneau une lettre à son adresse, et qui est conçue en ces termes :

« Ce samedi soir, cher ami ; j'ai vu hier soi le monsieur en question, il est convenu de s trouver chez vous jeudi à 8 heures du matin, mais surtout soyez seul, nous aurons à parler.

» Ne perdez pas de vue l'affaire du billet tâchez d'en recevoir la valeur le plus tôt possible. Tout à vous. JUSTIN (prénom de Descubes.) ; » et pour *post-scriptum* : « J'ai bi mal à l'œil droit, ce qui est cause que je ne su pas sorti aujourd'hui. »

Descubes reconnaît cette lettre pour ce qu'il a écrite à Gonneau, en lui annonçant visite de Bellaguet, et Gonneau assure que Monsieur en question n'est autre que Bellagu mais Bellaguet, en convenant qu'il a reçu De cubes chez lui le 26 avril au soir, nie qu'il été question entre eux de proclamations, renseignemens politiques et de rendez - vous. Descubes est venu lui demander des nouvelles du capitaine Oseré : il lui a répondu que le capitaine venait de partir pour sa campagne. De là Descubes a pris texte pour lui parler du mécontement des militaires et lui insinuer que tous ceux qui avaient tenu à cette partie devaient éprouver le même sentiment. (Bellaguet est un employé réformé de l'administration de la guerre); mais il a imposé silence à Descubes, en lui disant qu'il ne se mêlait point de ces choses là et en lui marquant son étonnement, de ce qu'un homme avec lequel il n'avait eu aucune liaison particulière, se permît de lui tenir un pareil langage. Voilà tout ce qui s'est passé entre eux, et si l'on en excepte le fait matériel de la visite, il n'y a pas un mot de vrai dans la version de Descubes.

Quoiqu'il en soit, le rendez-vous assigné au 2 mai ne put avoir lieu, car la police qui depuis quelque temps tenait tous les fils palpables de la conspiration, et suivait tous les pas des conjurés, jugea que le moment était venu de rompre cette trame criminelle.

Tout ce que l'on connaissait et ce que l'on put saisir des chefs ou agens principaux de l'association, fut arrêté le 1 mai et les jours suivans.

Les perquisitions suivirent.

On trouva au domicile de Desbaunes 34 cartes de l'association et trois exemplaires de la proclamation, dont l'un fut découvert dans son lit et les deux autres dans ses bottes. L'on y saisit aussi la pièce manuscrite qui commence par ces mots : *En réponse aux observations de plusieurs de mes frères*. On y saisit encore une épée, un sabre, une paire de pistolets et une giberne garnie de cartouches.

On trouva chez Dervin le plan détaillé qu'il avait levé des Tuileries, et une carte de l'association sous le numéro 9359.

On saisit au domicile d'Emmanuel Oseré un sabre, un baudrier et une banderole de fusil, et il convint que peu de jours auparavant il avait porté le fusil chez l'armurier pour le faire remettre en état, quoiqu'il eût négligé cette arme depuis long-tems, et qu'il ne fît point partie de la garde nationale. Le fusil fut trouvé dans le cabinet qui touche le bureau de Jacques Oseré.

On découvrit dans la même chambre occupée par Sourdon une carte qu'il avait cachée derrière un bois de lit ; enfin on trouva sur Dietrich 14 cartes et une proclamation.

On n'avait rien découvert chez Pleignier, et

il se tenait, ainsi que les autres prévenus, dans les termes d'une dénégation absolue.

Le jour même il se rendit chez le nommé Quincier, bottier, rue Croix de Petits-Champs, et lui dit » qu'il venait d'être mis en liberté après avoir subi un interrogatoire; que la police ne savait rien; qu'en dépit de ses efforts, l'affaire irait son train, qu'il était sûr qu'on avait les clefs du château des Tuileries, et qu'on y pénétrerait sans obstacle, et il ajouta qu'on avait aussi des canons que l'on tenait cachés dans les maisons, et qui étaient tout disposés pour le coup de main qui se préparait. »

C'est dans le cours de cette conversation que Pleignier témoignait son admiration pour les hautes qualités de la femme Picard, et regrettait de n'avoir pas une femme de la trempe de celle-là.

Instruite de ces discours, la police mit de nouveau la main sur lui; il est interrogé une deuxième fois, il avoue une partie de la vérité. D'un autre côté, on avait appris que des pièces importantes étaient cachées dans sa maison, l'on y fit de nouvelles recherches, et l'on trouva dans une fosse d'aisance les caractères et une partie des espèces qui ont servi à imprimer la proclamation; une branche du cadre qui formait la planche et qui a été brisée, deux tampons ou balles d'imprimeur, le timbre sec dont l'empreinte a été frappée sur les proclamations et les cartes; quelques exemplaires de la proclamation, une carte numérotée 5873, neuf paquets ficelés de cartes de même espèce, enfin une grande quantité de cartes et proclamations tellement altérees, qu'on n'a pu les conserver.

Pleignier reconnaît tous ces objets.

Il a reçu la planche de Carbonneau.

Carbonneau la tenait de Charles.

On se transporte chez ce dernier avec des experts, on recherche dans son imprimerie les caractères analogues à ceux qui ont été saisis chez Pleignier, on en fait la comparaison. On trouve entre les uns et les autres une identité remarquable.

Charles, présent à toutes ces vérifications, en a reconnu l'exactitude.

Outre les faits qui viennent d'être exposés, l'instruction du procès a fait connaître ceux-ci.

Le nommé Dietrich avait reçu d'un individu dix-huit cartes et une proclamation. Le lendemain il fit la lecture de sa proclamation, à Faivre et à deux autres individus dans la maison de Dupuis, marchand de vin, rue Montpensier, remit deux cartes à Faivre, et une à chacun de ces deux individus; le reste a été saisi sur lui. Un individu connu pour avoir été l'un des commissaires de la fédération en 1815, et qui, dans les mois de mars et d'avril derniers, portait un bandeau noir sur l'œil gauche; était signalé, comme ayant reçu de Carbonneau un grand nombre de proclamations et de cartes, avec la mission de les distribuer. Cet individu a été reconnu pour être le nommé Lebrun, apprêteur de schals, il a été arrêté, et il a avoué que Carbonneau lui avait appris l'existence de l'association vers la fin de mars, qu'il lui avait appris en même-temps, le but de cette association et lui avait dit : *Tout va bien.* Il y a 50 agens de partis pour les provinces. Mais si l'on en croit Lebrun, Carbonneau refusa de lui nommer les chefs de la conspiration, et se contenta de lui promettre des proclamations et des cartes, qu'il a brûlées, ne voulant point se rendre le distributeur de pareilles choses.

Cependant Lebrun convient que depuis cette conférence, il s'est trouvé plusieurs fois avec Carbonneau et Pleignier, et l'opinion de ceux-ci est qu'il a distribué la proclamation et les cartes. Lebrun a prétendu aussi ne s'être rapproché de ces deux hommes que dans la vue de pénétrer les secrets de la conspiration et les révéler à la police; et à l'appui de cette assertion, il a argumenté d'un Mémoire qui était chez lui et qu'il avait dressé tout exprès, pour le remettre à la police lorsque ses affaires lui laisseraient le tems de faire cette démarche. Mais ce Mémoire trouvé à son domicile sur ses indications et en sa présence, remonte à la date de décembre 1815, et n'a aucun rapport avec la conspiration; il prouve seulement que Lebrun avait le désir d'être employé par la police.

Des renseignemens certains avaient appris que Bonnassier père, homme signalé depuis long-tems, par ses opinions révolutionnaires, et connu en dernier lieu par son zèle à répandre des nouvelles alarmantes et à propager de faux bruits au Palais-Royal et à la Bourse, avait été un des plus chauds prosélites de l'association, et l'un des plus ardens à distribuer des proclamations, des cartes, et, en effet, il a été forcé de convenir qu'il avait reçu et distribué une proclamation et un certain nombre de cartes.

(*La suite à demain.*)

Marseille, chez Antoine RICARD, Imprimeur du Roi et de la Ville, rue Oaradis.

SUITE du Procès des auteurs et fauteurs de la Conspiration de 1816.

Le nommé Philippe, commissionnaire en eau-de-vie, lequel s'était enrôlé dans une compagnie franche en 1814, ayant laissé, il y a quelque temps, son portefeuille à l'entrepôt des vins, et les personnes qui avaient trouvé ce portefeuille, l'ayant ouvert, il y fut trouvé deux cartes de l'association. Philippe questionné sur l'origine de ces cartes, feignit de n'en pas connaître l'usage; mais il a été prouvé que depuis il a instruit un marchand de vin du complot tramé contre la famille royale, et lui a remis une carte après avoir exigé et reçu de lui le serment d'employer sa fortune et sa vie à l'exécution de l'entreprise.

Une copie de la proclamation a été trouvée au domicile du nommé Warin, arrêté avec un de ses amis nommé Lascaux, comme prévenus d'avoir tenu des propos séditieux, dans un lieu public, et d'avoir soustrait frauduleusement 6 bouteilles de vin dans un cabaret où ils étaient reçus, et d'avoir provoqué à la désertion un soldat de la garde royale.

Lascaux était prévenu d'avoir porté la décoration de la Légion-d'honneur. Il a été reconnu que cette copie de la proclamation avait été faite par Warin de complicité avec Lascaux, chez le nommé Lejeune, ex-lieutenant des douanes et ancien militaire, sur un manuscrit que Lejeune avait copié lui-même dans la maison de Drouot, marchand de vin, rue de Sèvres: Drouot tenait ce manuscrit d'un nommé Houzeau, dit Ferdinand, jardinier fleuriste, rue de Vaugirard, qui prétend avoir reçu la proclamation imprimée de gens inconnus, dans un cabaret où il s'était enivré. C'est de celle-là que les autres sont descendues jusqu'à Warin, qui en a lui-même, d'accord avec Lascaux, donné une copie au sieur Mathis. Enfin le nommé Cartier, ex-chasseur de la garde, a été arrêté pour avoir distribué plusieurs cartes d'association; il a dit tenir ces cartes de Garnier, marchand de coton; Garnier est convenu qu'il les avait remises et a ajouté qu'il les avait reçues du nommé Plançon, ex-membre du comité révolutionnaire de la section des Gravilliers, lequel Plançon, en lui annonçant le retour de Buonaparte comme prochain, lui avait dit que dans les troubles qui suivraient cet événement, il serait bon d'avoir de ces cartes, pour montrer qu'on n'était pas du parti royaliste. Garnier a répété ce propos à Cavelier en lui remettant une partie des cartes.

Cependant l'évidence n'a pas eu le même empire sur tous les accusés, il y en a qui avouent, il y en a qui dissimulent, il y en a enfin qui nient les faits les mieux prouvés.

Pleignier se donne pour le fondateur de l'association des patriotes de 1816 ; il n'a point agi par l'effet d'inspiration étrangère. Son état consistait principalement à fabriquer des tiges de bottes à plis pour l'usage de la cavalerie légère ; une ordonnance du Roi est venue changer la forme des bottes ; son commerce n'allait plus ; il a voulu mettre fin à cet état de choses, et pour l'intérêt de son pays et la réforme des nombreux abus qu'il entrevoyait dans la conduite du Gouvernement, il a conçu le projet de le renverser. Carbonneau partageait ce mécontentement, Pleignier l'a attiré chez lui, et il lui a avancé, à titre de prêt et en différentes parties, une somme de 150 fr. Carbonneau est devenu le principal artisan du complot ; il a communiqué son ardeur à Pleignier, leurs têtes se sont échauffées ; ils ont mûri leurs projets et en sont venus aux moyens d'exécution. La création des cartes a été concertée entr'eux ; ils ont fait graver le timbre par Tolleron ; ils ont rédigé et imprimé la proclamation ; c'est Carbonneau qui s'était chargé de faire composer la planche ; les cartes et les exemplaires de la proclamation ont été distribués par eux deux. C'est Carbonneau qui en a placé la plus grande partie. Lui, Pleignier, n'en remettait qu'à la femme Picard. Cependant il se pourrait qu'il eût donné des cartes à Lebrun, au moins lui en a-t-il fait donner par Carbonneau. La femme Picard lui avait fait connaître Desbaunes, et l'a mis en rapport avec ce militaire. C'est lui, Pleignier, qui a porté chez la femme Picard la pièce manuscrite intitulée : *en Réponse aux Observations*. Cette pièce a été écrite par Carbonneau en réponse à une lettre que Desbaunes avait apportée à la femme Picard, que celle-ci avait remise à Pleignier et qu'il a portée à Carbonneau. Il a eu avec Desbaunes plusieurs explications sur les principaux articles de la proclamation. Deux de ces conférences eurent lieu huit jours avant la remise de l'écrit intitulé : *En Réponse aux Observations* ; et une troisième eut lieu après cette remise et dans les derniers jours d'avril ; c'est à cette dernière entrevue seulement, qu'il a remis des cartes et des proclamations à Desbaunes, jusques-là Desbaunes les avait reçues par l'entremise de la femme Picard. Pleignier a remis à cette femme une quinzaine de proclamations et environ deux cents cartes. Il ne se souvient pas d'avoir été chez Quinier dans l'intervalle de sa première à sa seconde arrestation. S'il a dit à Quinier qu'il voudrait avoir une femme comme la femme Picard, c'est à une époque bien antérieure, et il n'attachait point à ce vœu le sens qu'on voudrait lui prêter. S'il avait tenu les autres propos rapportés par Quinier, il ne pourrait les attribuer qu'à l'entière aliénation de son esprit; la vérité est qu'il a voulu renverser le Gouvernement, parce qu'il se voyait menacé de la misère, et qu'il croyait voir le bonheur de la France dans ce renversement. Mais il ne peut dire quels moyens auraient été employés pour cela; il ne connaît d'autres chefs de la conspiration que lui et Carbonneau, et il n'a pris part à l'exécution qu'en ce qui touche la création des cartes, la rédaction et l'impression de l'adresse et leur distribution. Les caractères d'imprimerie et les accessoires trouvés dans la fosse d'aisance de sa maison, sont ceux qui ont servi à imprimer l'adresse et le timbre ainsi que les cartes. Carbonneau lui a toujours dit tenir la planche de l'imprimeur Charles, et c'est la femme de lui, Pleignier, qui par son ordre, a jeté dans la fosse les différens objets qu'on y a trouvés.

Carbonneau avoue qu'il a été un des principaux artisans et un des chefs les plus actifs de la conspiration, mais il ne s'y est engagé que sur les sollicitations de Pleignier ; il était dans une grande détresse, Pleignier vint le trouver à son domicile, rue du faubourg Saint-Martin ; il parut prendre un vif intérêt à sa position, il lui promit de lui procurer des écoliers ; il lui donna même quelques secours ; il s'insinua dans sa confiance par degré. Il l'initia peu-à-peu dans la confidence de ses projets ; il lui proposa enfin de venir demeurer auprès de lui, paya son loyer, lui choisit un logement rue Pavée-Saint-Sauveur, l'y installa et avança un demi-terme au propriétaire. En peu de temps, ces libéralités en faveur de Carbonneau s'élevèrent à une somme de 200 francs. Vers la fin de février, Pleignier proposa la création des cartes et la rédaction de l'adresse. Carbonneau indiqua Tolleron pour graver le timbre ; on se rendit chez lui. Le timbre fut gravé, et les cartes furent frappées peu de temps après ; bientôt on s'occupa de la proclamation. C'est lui Carbonneau qui l'a rédigée ; mais d'après les idées de Pleignier, et pour ainsi dire sous sa dictée. C'est encore sur lui que Pleignier se repose du soin de la faire imprimer. Il consulta Tolleron, Tolleron proposa Charles; on se mit en rapport avec ce dernier; il consentit à faire composer la planche. Elle fut apportée par Lefranc. Le tirage eut lieu chez Pleignier, et la distribution commença.

Carbonneau convient qu'il a donné des proclamations et des cartes à Tolleron, à Charles et à Lefranc. Ce dernier que Charles avait indiqué comme un homme sûr, reçut à lui seul une trentaine de proclamations et environ trois cents cartes.

Carbonneau donna aussi un ou deux exemplaires de la proclamation et trois à quatre cartes à Lebrun, ex-commissaire de la fédération, en disant: *Si vous ne les distribuez pas d'ici à trois jours, vous me les rapporterez.*

Lebrun ne les a pas rapportées. Quelques jours après, Lebrun vint trouver Carbonneau, et lui montra plusieurs cartes qu'on lui avait confiées pour qu'il vérifiât si elles n'étaient pas contrefaites. Carbonneau reconnut qu'elles émanaient de la bonne source, et les rendit à Lebrun qui les emporta. Cela se passait au mois de mars.

Carbonneau ne nie point les ouvertures qu'il fit à Tolleron et à Dervin, dans le cabaret de la rue Chapon; mais il ne parlait que d'après Pleignier; c'est aussi d'après Pleignier qu'il dit *que tout allait bien, et qu'il y avait cinquante agens partis pour la Provence*; mais il n'en était rien, et ce n'était qu'un faux bruit que fesait courir Pleignier. Il en est de même de l'argent qu'on disait envoyé des Pays-Bas, des correspondans de Pleignier et des prétendus chefs de complots. Carbonneau est convaincu, dit-il, que Pleignier était l'unique moteur de l'entreprise. Il représente Pleignier, comme un illuminé, qui visait à la célébrité, qui voulait perpétuer son nom dans l'histoire, et qui supposait ou exagérait beaucoup de choses, pour donner plus d'importance à son entreprise.

Carbonneau confesse qu'il est l'auteur de l'écrit saisi chez Desbannes, et intitulé : *En réponse aux observations*. Cet écrit est le résumé de plusieurs notes rédigées par Pleignier et par lui ; mais il croit que le *post-scriptum*, où il est question de l'extinction de la famille royale, aura été ajouté par quelqu'un. Il lui paraît étranger à la note qu'il a écrite, et dont la pièce représentée n'est qu'une copie.

La suite à demain.

Marseille, chez Antoine RICARD, Imprimeur du Roi et de la Ville, rue Paradis, n°. 31.

SUITE du Procès des auteurs et fauteurs de la Conspiration de 1816.

Tolleron avoue sa participation dans le complot ; il a gravé le timbre, numéroté les cartes, insisté auprès de Charles pour qu'il composât la planche de la proclamation. Il a initié Dervin, l'a mis en rapport avec Carbonneau, et il a dit à Dervin, ainsi qu'à Scheltien, dans le cabaret de la rue Neuve-de-Luxembourg, « qu'il ferait connaître les chefs en temps utile, et que le but de l'association était de s'emparer des Tuileries, de se défaire de la famille royale, et de mettre Napoléon II sur le trône ; mais il ne parlait que d'après Carbonneau, et il fallait bien que son langage s'accordât avec la proclamation ; en tout il n'a agi que par l'instigation de Carbonneau et de Pleignier et sur les brillantes promesses qui lui étaient faites en cas de succès. Il observe encore qu'il est resté au lit pendant assez longtemps, et qu'il n'a pris aucune part aux dernières délibérations des conjurés.

Charles n'a point d'explications à donner, il n'a rien su, il n'a rien vu, rien entendu de tout cela, et quand ses amis s'accordent à affirmer qu'il a fait composer la planche, et qu'il l'a envoyée à Carbonneau, et que les experts trouvent une parfaite identité entre ses caractères et ceux saisis chez Pleignier, il ne sait pas seulement ce que cela veut dire, il va même jusqu'à nier qu'à l'époque dont on parle, il soit entré dans la maison de Delassus.

Lefranc convient qu'il a porté la planche à Carbonneau, et qu'il a reçu de lui une assez grande quantité de proclamations et de cartes, mais en faisant la commission de Charles, il ne savait pas ce qu'il portait; il n'en connaissait pas la conséquence. Au surplus, il n'a jamais regardé la conspiration que comme une conception folle, et l'on ne supposera pas qu'il s'y soit engagé sérieusement après les longs malheurs qu'il a essuyés, et surtout après avoir combattu le projet dès sa naissance. Il aurait bien pu en avertir la police, mais la police a des agens plus exercés que lui.

La femme Picard avoue qu'elle a reçu de Pleignier une première fois environ 50 cartes; elle a remis les premières à Desbaunes: elle a brûlé les dernières. Si elle a dit à Pleignier qu'elle avait distribué celles-ci, c'était pour se délivrer de ses importunités. Il est vrai qu'elle a été initiée dans le secret de Pleignier, et qu'elle y a initié Desbaunes; mais elle n'a rien dit à celui-ci qu'après qu'il lui eut parlé du retour de Napoléon II, et qu'il lui eut annoncé l'arrivée du prince Charles et l'entrée des troupes autrichiennes à Strasbourg : l'entreprise de Pleignier tendant au même but, elle crut pouvoir en faire part à Desbaunes, et comme il témoignait de l'hésitation et des craintes sur le succès de cette entreprise, elle le rassura, en lui disant que l'on avait pour appui des personnages importans et une grande puissance, et qu'ainsi il ne pouvait mieux faire que d'en parler à ses amis.

Elle n'a jamais eu de communication qu'avec Pleignier et Desbaunes. Une fois seulement, Pleignier lui avait amené un homme de petite taille, vêtu d'un karrick garni d'astracan et dont la figure sinistre et le costume l'effrayèrent. Elle témoigna à Pleigner la répugnance que cet homme lui inspirait. Pleignier lui répondit: *qu'importe l'exétrieur, c'est un bon patriote, un de mes affidés, un ami, un homme sûr ; l'habit ne fait pas le moine.* Cet homme était Carbonneau; elle ne l'a pas revu depuis.

Il est vrai que pour lever les doutes de Desbaunes et affermir son courage, elle lui a procuré un rendez-vous avec Pleignier ; mais Pleignier lui avait toujours dit, *que l'on était d'ac-*

cord avec les puissances; que l'on ne verserait pas une goutte de sang, et que le Roi se retirerait comme l'année dernière.

Elle n'a point remis à Desbaunes la pièce manuscrite apportée chez elle par Pleignier, ou du moins elle en a perdu le souvenir. Mais il est plus vraisemblable que cet écrit aura été remis par Pleignier lui même, lors de son rendez-vous avec Desbaunes, puisque Pleignier admit la chose comme possible.

Desbaunes convient des faits qui lui sont imputés. Il a reçu et distribué des proclamations et des cartes; il a connu l'existence de l'association par la femme Picard; elle lui a indiqué le but, et Pleignier lui en a développé le systême. Il est vrai que lui Desbaunes avait commencé à parler à la femme Picard du prochain retour de Napoléon II, et de l'entrée des Autrichiens à Strasbourg; et c'est ce qui a amené la confidence de la femme Picard; mais il est vrai aussi que la femme Picard a fait les plus grands efforts pour vaincre son hésitation et la répugnance qu'il montrait à s'engager dans cette affaire. Les efforts de la femme Picard, le rendez-vous avec Pleignier, les conférences qui ont suivi, et la remise de l'écrit intitulé: *En réponse aux Observations de plusieurs de nos confrères*, sont autant de preuves de cette répugnance et des objections qu'il opposait au projet de Pleignier.

Ces objections lui avaient été suggérées par un de ses amis, le seul à qui il ait remis des proclamations et des cartes. Il se rappelle d'en avoir remis à une autre personne que la délicatesse lui défend de nommer. Il a bien lu la proclamation une fois, et reconnu à cette lecture qu'il s'agissait d'une conspiration contre le Gouvernement et la famille royale. Les explications de Pleignier et l'écrit apporté chez la femme Picard suffisaient bien pour lui en donner la conviction ; mais n'étant pas un des conspirateurs, il ne s'est pas occupé des moyens d'exécution ; il ne croyait pas, d'ailleurs, que ce coup dût partir de Paris, il pensait plutôt que des troupes arriveraient de l'Autriche, et que le sort des armes déciderait la révolution projetée.

C'est le mystère dont s'environnait Pleignier et l'idée que de grands personnages étaient liés à l'entreprise et la dirigeaient, qui ont exalté au plus haut degré la curiosité et l'intérêt de Desbaunes, et l'ont engagé dans les différentes démarches qu'on lui reproche ; mais quelques efforts qu'il ait faits auprès de Pleignier pour obtenir qu'il lui révélât le nom de ces grands personnages, Pleignier demeura impénétrable et se borna à répondre que « c'était son secret, » et que les chefs ne seraient connus qu'au mo- » ment de l'exécution. » Au surplus, jamais on ne lui a proposé de commandement pour cette exécution : il n'en aurait point accepté. La preuve qu'il n'avait pas le dessein d'y participer, c'est qu'il avait pris une feuille de route pour sortir de Paris le 4 mai.

Il reconnaît les 24 cartes et les proclamations saisies à son domicile, pour être semblables à celles distribuées par lui ; il tenait les unes et les autres de la femme Picard et Pleignier, et il convient qu'il en a été chercher auprès de celui-ci dans les derniers jours d'avril, et après avoir reçu toutes les confidences de Pleignier. On a trouvé aussi dans ses papiers une chanson outrageante pour le Roi et pour la famille royale ; mais il ne l'avait conservée que par oubli, et elle lui avait été donnée en 1815 avant le 20 mars, et lorsqu'il était garde-du-corps de S. A. R. Monsieur.

Dervin ne dissimule rien de ce qu'il a fait : il a été mis dans le secret de la conspiration par Tolleron et par Carbonneau ; il a délibéré sur l'attaque des Tuileries, le 26 avril, avec plusieurs conjurés, dans le cabaret de Souchon, et il avait précédemment levé le plan du château et de ses issues avec Scheltien, mais il ne s'était engagé dans cette affaire, et n'y avait engagé Scheltien, que dans la vue de pénétrer jusqu'au centre de la conspiration, d'en approfondir tous les secrets, d'en connaître les moteurs, et de tout révéler à la police; s'il ne s'est point ouvert à elle avant son arrestation, c'est qu'il attendait de nouvelles lumières, et qu'il se reposait sur l'expérience de Scheltien, qui était son hôte et son ami, et qui, ayant servi la police pendant longtems, était plus en état que lui de marquer le point juste d'une pareille révélation. Scheltien qui n'a pas été arrêté, marchait d'accord avec lui; au moins il le pense, et l'occasion venue, ils auraient parlé en même-temps et partagé le mérite et le prix de la découverte.

Emmanuel Oseré convient qu'il a été instruit de l'association des patriotes de 1816, dans le mois de mars, par Tolleron; qu'il a reçu une carte que Tolleron est venu lui redemander le lendemain; qu'à la fin de mars il a communiqué à Descubes et à Gonneau les projets politiques des associés, tels qu'il les tenait de la bouche de Tolleron, et qu'il promit alors à Descubes et à Gonneau de lui apprendre plus tard ce qu'il y aurait de nouveau; mais il tomba malade peu de jours après, et n'eut plus occasion de le revoir. On a trouvé, il est vrai, dans le bureau de son frère Jacques, un fusil de munition à lui appartenant; et qu'il avait fait mettre en état dans le courant d'avril; mais ce fusil avait besoin d'être nétoyé et pouvait lui devenir nécessaire; car s'il ne fait pas partie de la garde nationale, il pouvait être appelé d'un jour à l'autre. Il ignorait d'ailleurs les règlemens qui ordonnent le dépôt des armes de guerre.

Henry Oseré avoue que dès le mois de mars, Tolleron lui fit part du projet formé de renverser le gouvernement et mettre Napoléon II sur le trône, lui parla d'une proclamation qu'on allait imprimer, et lui remit une carte de l'association des patriotes, laquelle carte Tolleron vint lui redemander le lendemain. Henry Oseré convient aussi qu'il s'est trouvé à la réunion du 26 avril chez Souchon, et qu'il a entendu une partie des propositions qui y ont été agitées, notamment l'avis qui fut ouvert par Scheltien, de faire sauter les Tuileries, et la demande que fit Descubes d'un commandement suivant son grade. Lui-même, Henry, appuya la réponse de Dervin, relative à l'artillerie, et dit que la proclamation en parlait. Et c'est en ce moment que la proclamation fut lue, mais durant cette conférence, Henry a été plusieurs fois appelé dans le bureau de Jacques, et il ne sait pas tout ce qui a pu être discuté par les conjurés. Il les a suivis aussi au *Sacrifice d'Abraham*, mais en sortant de là, il est rentré au bureau de son frère.

(*La suite après Midi.*)

Marseille, chez Antoine RIGARD, Imprimeur du Roi et de la Ville, rue Paradis.

SUITE du Procès des auteurs et fauteurs de la Conspiration de 1816.

Jacques Oseré, dont le bureau était le rendez-vous ordinaire des conjurés, nie qu'il ait aucune connaissance du complot et même de l'association des patriotes de 1816, avant le jour de son arrestation. Tolleron ne lui en avait point parlé. La première fois qu'il se trouva avec Descubes et Gonneau, dans le cabaret de Souchon, il n'en fut point question, et quoiqu'il soit entré dans le même cabaret le 26 avril avec les conjurés, il n'en a pas su davantage, parce qu'à peine y était-il arrivé qu'il fut rappelé à son bureau par le fils de Souchon et n'en sortit plus; il n'est point allé au *Sacrifice d'Abraham*, il est faux qu'il eût dit la veille à Dervin: *que tout allait bien et qu'il devait aller chez Manissier pour y prendre 10 à 12 cartes*. Il proteste de son attachement aux Bourbons; et la preuve qu'il en donne, est que tous les papiers trouvés chez lui respirent le profond respect et le dévouement qu'il porte à cette auguste famille.

Sourdon ne nie point qu'il se soit trouvé à la réunion du 26 avril, où il avait été conduit par Henry Oseré et par Dervin.

Il a été témoin de tout ce qui s'est passé dans cette conférence, il en raconte les détails. Il a pris peu de part à la discussion; il écoutait et avait l'air d'approuver. Il avait reçu une carte de Bonnassier fils, du 8 au 10 avril, et quelque temps auparavant, il en avait reçu une d'une autre personne, que la reconnaissance ne lui permettait pas de nommer. Mais il n'a cherché à pénétrer dans les secrets de la conspiration que pour la dévoiler à la police, et obtenir par ce moyen un emploi, dont il avait le plus pressant besoin. A la vérité, il n'a point fait part à la police de ses premières découvertes, mais il attendait le moment favorable, et son intention se manifeste assez par les démarches qu'il avait faites dès l'été dernier, pour révéler à la cour un complot qui menaçait la famille royale: démarches dans lesquelles il a été secondé par le sieur *Philippe*, dit *Dallot*, et qui n'a point eu le résultat qu'il en attendait. Cette intention se manifeste encore par une conversation qu'il eut, il y a trois mois, avec le sieur *Weliski*, interprète, à qui il demanda ce qu'il devait faire, ayant connaissance d'un complot tramé contre le Gouvernement, et qui lui répondit, qu'en qualité de Français, il était tenu de le révéler aux autorités.

Descubes, après de longues tergiversations, a fini par avouer qu'il avait, ainsi que Gonneau, été initié, vers la fin du mois de mars, dans le secret de l'association, et que s'étant trouvé au rendez-vous, le 26 avril, chez Sourdon, dans l'intention d'y rencontrer Bellaguet, qu'on lui avait annoncé comme un des principaux agens du complot, il avait été témoin et partie dans la discussion qui s'y établit; qu'il a pu demander un commandement selon son grade pour le moment de l'exécution, mais qu'il n'a aucun souvenir d'avoir fait cette demande, et que d'ailleurs les propositions qui furent faites dans cette conférence, lui parurent tellement extravagantes, tellement contraires aux règles de la probabilité et aux notions de l'art militaire, qu'il regarda le projet comme non exécutable, et n'y attacha plus d'importance. Il avoue cependant que le soir même, il se présenta chez Bellaguet, dont Henry Oseré lui avait donné l'adresse, pour obtenir des renseignemens plus précis sur cette affaire. Il sent toute la force de l'induction que cette démarche et le rendez-vous indiqué chez Gonneau peuvent fournir contre lui; il reconnaît l'imprudence de sa conduite; c'est une funeste curiosité qui l'a mené là. Il pouvait bien avoir quelque mécontentement de la perte de son emploi; mais il n'est coupable que de légéreté; les propositions qu'il a entendues l'ont révolté. Les sentimens qu'on pourrait lui supposer n'ont jamais été dans son cœur, et quoique les apparences déposent contre lui, il était incapable de se prêter à de pareilles atrocités.

Gonneau embrasse un autre système, il avait intérêt à tout voir, à tout pénétrer; il était depuis long-temps en rapport avec un magistrat son ancien ami, à qui il avait déjà révélé des choses importantes, qui furent dans le temps communiquées à la police, et le magistrat en l'engageant à redoubler de zèle, lui avait fait entrevoir que ses services ne resteraient point sans récompense; il n'attendait que des données plus étendues et sur-tout le résultat du rendez-vous pris avec Bellaguet, pour dévoiler le plan de la conspiration à cet ami, qui devait arriver de la campagne, et qui aurait instruit le Gouvernement. Le sieur Dubois, peintre en miniature, peut rendre témoignage des dispositions où il était à cet égard, le 26 avril, en le conduisant chez les frères Oseré. Descubes lui avait dit: *Venez avec moi, je vous erai voir un Monsieur qui vous apprendra bien des choses.* Descubes voulait parler de Bellaguet; mais en entrant au cabaret de Souchon, Descubes dit à Gonneau, en parlant du même Bellaguet : *la personne que nous voulons voir n'est pas là*. Gonneau a été témoin de ce qui s'est passé dans cette réunion, et il a entendu Descubes demander un commandement dans l'attaque des Tuileries. On lui objecte qu'instruit comme il était et animé de si bonnes dispositions, il est inconcevable qu'au moment de son arrestation, il ait dissimulé devant le préfet de police la connaissance qu'il avait du complot. Il répond que si on veut songer à la position délicate où il se trouvait à l'égard de Descubes, son compatriote et son ami, on sentira qu'il pouvait hésiter à dire devant le magistrat de police, ce qu'il eût déclaré sans crainte à un ami avec lequel il avait des relations anciennes et purement confidentielles.

Bellaguet se tient dans une dénégation absolue : on ne l'a vu nulle part, on ne produit rien de lui, il ne s'est mêlé de rien, il ne sait rien, il s'exprime dans les termes d'une noble indignation contre les misérables qui osent impliquer un nom comme le sien dans leurs extravagances.

Bonnassier fils nie tout et donne un démenti à Sourdon et à Schastel.

Dietrich avoue qu'il a lu la proclamation à Faivre et à deux autres personnes, dans la maison de Dupuy qui leur a aussi remis des cartes, et qu'il en a été saisi quatorze sur lui. Il tenait le tout d'un nommé Castel, qui n'a pu être arrêté. Castel lui avait bien parlé du mouvement qui se préparait, et il a bien vu que la proclamation renfermait des choses abominables; mais il n'a pas cru que de pareilles choses pussent être mises à exécution, et son intention n'a jamais été de nuire au Gouvernement.

Lebrun convient qu'il a reçu les confidences de Carbonneau ; qu'il a été question entre eux de la conspiration, et que Carbonneau lui a remis un assez grand nombre de proclamations et de cartes, avec commission de les distribuer ; mais il n'en a rien fait et il a tout brûlé. Cependant il a vu depuis Carbonneau et Pleignier en plusieurs endroits, mais s'il les a cultivés, c'était dans le dessein de connaître leurs secrets et de les livrer à la police, afin d'obtenir de l'emploi. On l'a arrêté précisément comme il allait terminer ses affaires, comme il se disposait à faire cette révélation.

Bonnassier père, après avoir nié avec la dernière obstination qu'il ait jamais eu connaissance du complot, et qu'il ait jamais eu en sa possession les proclamations et les cartes, a fini par confesser qu'il en avait distribué en plusieurs fois au

Palais-Royal ; mais il a soutenu n'en avoir donné qu'à une seule personne. Elles avaient été déposées chez lui par quelqu'un qui s'y était présenté de la part de la femme Picard. S'il a aussi long-temps dissimulé ces faits, c'était dans la crainte de compromettre la femme Picard, qui est parente, amie et compatriote de sa femme. Il ne s'est déterminé à parler que quand il a su que la femme Picard avait fait des aveux, et se trouvait chargée par la déclaration de Desbaunes.

Philippe, en soutenant qu'il n'a jamais eu connaissance de la conspiration, prétend qu'il ne connaît pas même les cartes qu'on l'accuse d'avoir distribuées, et il ajoute qu'il ne se trouve inculpé dans cette affaire que par l'effet de la plus odieuse calomnie, et par une suite de l'animosité que lui porte M. Gagnet, commis à l'entrepôt des vins.

Warin, Lascaux et Lejeune conviennent qu'ils ont copié la proclamation et qu'ils l'ont donnée à copier.

Lejeune prétend qu'il la tenait de Drouot, et que c'est aussi de la part de Drouot que Lascaux et Warin se sont présentés chez lui pour en prendre une copie. Mais Lascaux et Warin disent que Lejeune ne leur a permis de tirer cette copie que parce qu'ils s'étaient présentés comme de chauds partisans de Buonaparte ; ils avouent la soustraction par eux faite des six bouteilles de vin dans le cabaret de Bertrand, et Lascaux avoue de plus qu'il a porté la décoration de la Légion-d'honneur, bien qu'il n'en eût pas le droit.

Drouot avoue que Lejeune a copié la proclamation chez lui ; mais il cherche à insinuer que cette pièce avait été laissée à sa femme par Houzaux, et que ce n'est pas lui qui en a donné la connaissance à Lejeune ; il nie avoir adressé Lascaux et Warin chez Lejeune.

Houzaux, dit Ferdinand, avoue qu'après avoir reçu la proclamation imprimée, dans un cabaret où il s'était enivré, et de gens qui lui sont inconnus, il en a fait une copie, qu'il a portée et communiquée à Drouot.

Cartier confesse qu'il a distribué à des inconnus quatre cartes qui lui avaient été remises par Garnier, avec invitation de les donner à ses amis.

(La suite à demain.)

Marseille chez Antoine RICARD, imprimeur du Roi et de la Ville, rue Paradis, n°. 31.

Suite du Procès des auteurs et fauteurs de la Conspiration de 1816.

Garnier avoue qu'il a donné à Cartier douze ou quatorze de ces cartes que Plançon lui avait remises ; et il ajoute qu'il a répété à Cartier ce que Plançon lui avait dit : « Que Buonaparte allait revenir, qu'il serait bon d'avoir de ces cartes pour montrer qu'on n'était pas du parti royaliste »: mais Plançon nie qu'il ait jamais remis des cartes à personne.

Ainsi Pleignier et Carbonneau confessent qu'ils sont auteurs d'un complot tendant à renverser le gouvernement et à détruire la famille royale, et qu'ils ont commis la plupart des actes qui pouvaient amener l'exécution de ce complot.

Tolleron avoue qu'il s'est associé à ces deux chefs, et qu'il a pris part au complot et aux moyens d'exécution, à l'appui des récompenses qui lui étaient promises.

Charles nie les faits les plus évidens, et se trouve en contradiction avec tous les élémens du procès.

Lefranc, qui avait paru mettre quelques obstacles à l'impression de la proclamation, et qui avait d'abord élevé plusieurs objections contre l'imprudence de ce complot, a fini par s'y associer en portant la planche à Carbonneau, en lui donnant des conseils, en entretenant des relations habituelles avec lui, en recevant à différentes fois des proclamations et des cartes avec la mission de les distribuer.

La femme Picard a connu le projet des conjurés ; elle a communiqué ce projet à Desbaunes ; elle l'a engagé dans la conspiration ; elle l'a mis en rapport avec Pleignier, et elle a répandu une proclamation qui contenait des provocations directes au meurtre de la famille royale et à la guerre civile.

Desbaunes a pénétré dans tous les secrets de la conspiration, il a demandé à Pleignier une explication formelle sur le but de l'entreprise ; il a reçu cette explication, et l'a communiquée, et depuis il a encore reçu et distribué des proclamations et des cartes.

Dervin a pris une part directe à l'exécution du complot. Il a levé le plan des Tuileries, il a assisté et figuré aux diverses conférences tenues par les conjurés ; il est un de ceux qui ont montré le plus de chaleur dans le conciliabule du 26 avril ; il a approuvé le projet de faire sauter les Tuileries, et sa prétendue intention de tout révéler à la police, n'est qu'une allégation démentie par les faits, contraire à la vraisemblance.

Emmanuel Oseré a connu le projet des conjurés dès le premier jour de mars. Il l'a communiqué à Descubes et à Gonneau ; s'il n'a pas eu avec eux des relations ultérieures, c'est qu'il était au lit par maladie, et cette maladie même ne l'a pas empêché de faire réparer ses armes.

Henry Oseré a été initié dans le complot par Tulleron ; il avait des relations tous les jours avec les conjurés; il s'est trouvé à la réunion du 26 avril, il a approuvé le projet de faire sauter les Tuileries et toutes les résolutions qui ont été prises dans cette conférence, et il a adressé Descubes chez Bellaguet, en lui annonçant que Bellaguet lui dirait tout.

Le bureau de Jacques Oseré était le rendez-vous habituel des conjurés ; on y parlait tous les jours de conspiration : il en a été question le 26 avril. Le même jour 26 avril, Jacques Oseré s'est rendu au cabaret de Souchon, et s'il n'y est pas resté constamment, il paraît certain qu'il y est revenu différentes fois, et il n'a pu ignorer entièrement ce qui s'y est passé. D'ailleurs il avait dit la veille à Dervin, *que tout allait bien et qu'il irait demander des cartes à Manissier*.

Sourdon a connu le complot dès le mois de mars ; il a assisté au conciliabule du 26 avril ; il a approuvé les propositions qui y furent faites ; il n'en a rien révélé à la police. Après son arrestation même il a dissimulé d'abord une partie de ce qu'il savait, et toutes les vraisemblances repoussent l'idée qu'il ait agi dans l'intention de servir le Gouvernement.

Descubes a été initié dès la fin de mars, dans la connaissance du complot : depuis il s'est tenu en rapport avec les conjurés ; il a amené Gonneau à la conférence du 26 avril, en lui annonçant que Bellaguet s'y trouverait ; il a donné son assentiment aux propositions des conjurés ; il s'est proposé lui-même pour un commandement dans l'exécution, et après avoir accédé à ces résolutions qu'il taxe de ridicules, il a demandé l'adresse de Bellaguet, qu'on lui avait annoncé comme un des principaux agens de la conspiration ; il a vu Bellaguet, et il a pris avec lui un rendez-vous chez Gonneau.

Gonneau a été instruit de l'existence de la conspiration en même temps que Descubes ; il a cherché à connaître Bellaguet ; il s'est rendu à la conférence du 26 avril ; il a entendu toutes les propositions qui y furent agitées ; il leur a donné son approbation, ou du moins il ne les a pas combattues, et lui, qui prétend n'avoir eu d'autre but dans toutes ses démarches, que celui d'éclairer la police par l'intermédiaire d'un ami, n'a pas écrit ni fait savoir un mot de ce qui se passait à cet ami, et a nié tout ce qu'il savait, au moment de son arrestation.

Bellaguet a toujours été signalé parmi les conjurés comme un des principaux agens de la conspiration. Dans la matinée du 26 avril, il était venu au bureau de Jacques Oseré : c'était à lui que les conjurés se renvoyaient pour avoir des renseignemens précis sur le complot ; c'est à lui que Descubes fut adressé par Henry Oseré : il a reçu Descubes, il lui a promis des renseignemens, et il lui a assigné un rendez-vous ; et les démarches dans lesquelles il se retranche à cet égard, deviennent un nouvel argument contre lui.

Bonnassier fils a remis une carte à Sourdon, en lui indiquant le motif et le but de la distribution, et en lui annoncant l'existence d'un complot tendant à la destruction du Gouvernement, et ses dénégations ne sauraient écarter la déclaration de Sourdon et le témoignage de Schastel.

Dietrich a lu la proclamation à trois personnes, et leur a distribué des cartes.

Lebrun a connu la conspiration par les confidences de Carbonneau ; il a reçu des proclamations et des cartes pour les distribuer. Il était convenu avec Carbonneau de les lui rapporter s'il ne les plaçait pas, et il n'en a rapporté aucune; et son allégation qu'il voulait servir la police, est dénuée de toute vraisemblance, et démentie par les témoignages même qu'il a invoqués à son appui.

Bonnassier père a distribué des proclamations et des cartes, et tout annonce qu'il était recruteur très-zélé de l'association.

Philippe a eu plusieurs cartes à sa disposition, et en a remis une à un individu, et la lui a remise avec une parfaite connaissance de la conspiration, puisqu'il a exigé de cet individu qu'il prêtât le serment de tout sacrifier pour la réussite du complot.

Warin, Lascaux, le jeune Drouot et Houzeau dit Ferdinand ont propagé la proclamation ; s'ils n'étaient pas complices de la conspiration, ils ont au moins disitribué un écrit contenant des provocations directes au renversement du Gouvernement.

Warin et Lascaux ont en outre soustrait frauduleusement plusieurs bouteilles de vin, appartenant à autrui ; et Lascaux a de plus porté publiquement une décoration qui ne lui appartenait pas.

Enfin, Cartier, Garnier et Plançon ont distribué des cartes, et s'ils n'agissaient pas de concert avec les conjurés, au moins distribuaient-ils un signe de ralliement séditieux et non autorisé par la loi.

Dans ces circonstances, les individus ci-dessus dénommés sont accusés, savoir :

Jacques Pleignier, Nicolas Charles, Léonore Carbonneau et Edme-Henri Tolleron, de s'être rendus coupables d'un complot d'attentat contre la personne et la vie du Roi et contre la personne et la vie des membres de la famille royale, lesquels complot et attentat avaient aussi pour but de détruire le Gouvernement, de changer l'orde de successibilité au trône, et d'exciter les citoyens à s'armer contre l'autorité royale ; d'avoir commis et commencé des actes pour parvenir à l'exécution de ces crimes, et d'avoir composé et livré à l'impression et distribué un écrit contenant provocation directe au renversement du Gouvernement.

Jean Charles, de s'être rendu complice desdits attentat et complot, en participant avec connaissance aux actes qui ont été commis ou commencés pour en faciliter l'exécution ; à n'avoir pas révélé le complot au Gouvernement, après en avoir acquis la connaissance, et d'avoir imprimé ou livré à l'impression un écrit contenant des provocations directes au renversement du Gouvernement.

Jean-Baptiste-Antoine Lefranc, de s'être rendu complice desdits attentat et complot, en aidant avec connaissance les auteurs dans les actes commis ou commencés pour en faciliter l'exécution, de n'avoir pas révélé le complot au Gouvernement après en avoir acquis connaissance ; d'avoir distribué un écrit contenant des provocations directes au renversement du Gouvernement, et un signe de ralliement non autorisé par le Roi.

Victoire Mayelle, femme de René Picard, e Louis-François-Despommiers Desbaunes, de s'être rendus complices desdits attentat et complot, en aidant avec connaissance les auteurs dans les actes commis ou commencés, pour e faciliter l'exécution ; de n'avoir pas révélé l complot au Gouvernement après en avoir acqui la connaissance, et d'avoir distribué un écri contenant des provocations directes au renversement du Gouvernement, et un signe de ralliement non autorisé par le Roi.

La suite à demain.

Marseille, chez Antoine RICARD, imprimeur du Roi et de la Ville, rue Paradis, n°. 31.

SUITE du Procès des auteurs et fauteurs de la Conspiration de 1816.

Jean-Louis Dervin, d'avoir participé sciemment auxdits attentat et complot, et de s'en être rendu complice en assistant avec connaissance les auteurs, dans les actes qui ont été commis ou commencés pour en faciliter l'exécution; de n'avoir pas révélé le complot au gouvernement, et d'avoir distribué un écrit contenant des provocations directes au renversement du gouvernement, et un signe de ralliement non autorisé par le Roi.

Emmanuel Oseré, François Henry Oseré, Jacques-Emeric Oseré, Denis-Louis Sourdon, Jean-Justin Desoubes, Delascaux, Jean-Jacques-Benoît Gonneau et Edme Bellaguet, d'avoir participé sciemment auxdits attentat et complot, ou de s'en être rendus complices en assistant avec connaissance les auteurs dans les actes qui ont été commis ou commencés pour en faciliter l'exécution, et de n'avoir pas révélé le complot au gouvernement, après en avoir acquis la connaissance.

François Bonassier fils et François-Xavier Dietrich, de s'être rendus complices desdits attentat et complot, en aidant avec connaissance les auteurs, dans les actes commis ou commencés pour en faciliter l'exécution, de n'avoir pas révélé le complot au gouvernement, après en avoir acquis la connaissance, et d'avoir distribué un signe de ralliement non autorisé par le Roi.

Louis-Armand Lebrun et François Bonnassier père, de s'être rendus complice sdesdits attentat et complot, en aidant avec connaissance les auteurs dans les actes commis ou commencés pour en faciliter l'exécution, de n'avoir pas révélé le complot au Gouvernement, après en avoir acquis la connaissance, et d'avoir distribué un écrit contenant des provocations directes au renversement du Gouvernement, et un signe de ralliement non autorisé par le Roi.

Louis-François Philippe, de s'être rendu complice desdits attentats et complot, en aidant avec connaissance de cause les auteurs dans les actes commis ou commencés pour en faciliter l'exécution; de n'avoir pas révélé le complot au Gouvernement après en avoir acquis la connaissance, et d'avoir distribué un signe de ralliement non autorisé par le Roi.

Jules-François Warin et Firmin Lascaux, d'avoir distribué un écrit contenant des provocations directes au renversement du Gouvernement et au changement de l'ordre de successibilité au trône,

Et d'avoir, de complicité, soustrait frauduleusement d'un cabaret où ils étaient reçus, des bouteilles de vin appartenant au sieur Bertrand;

Et encore, ledit Lascaux, d'avoir porté publiquement la décoration de la Légion-d'Honneur, qui ne lui appartenait pas.

Martin-Charles Lejeune, Laurent Drouot, et Louis-François Houzeau dit Ferdinand, d'avoir distribué un écrit contenant des provocations directes au renversement du Gouvernement et au changement de l'ordre de successibilité au trône;

Et Jean-Louis-Prosper Cartier, Jean-Baptiste-François Garnier, et Edme Plançon, d'avoir distribué un signe de ralliement non autorisé par le Roi.

Crimes et délits connexés, prévus par les articles 86, 87, 88, 89, 59, 60, 103, 104, 105, 386 et 259 du Code pénal, et par les articles 1er. 7 et 10 de la loi du 9 novembre 1815.

Fait au parquet de la cour royale de Paris, le 10 juin 1816.

Signé BELLART.

Audience du 27 juin.

A onze heures un quart la séance est ouverte.

Les accusés étant présens, M. Romain Desèze, président, rappelle aux défenseurs leurs obligations, et fait prêter aux jurés le serment prescrit par la loi.

Ceux que le sort a désignés et qui n'ont point été récusés par les accusés, sont : MM. Delavic, Flacon, Rochelle, Duparc, Launoy de la Creuse, Combal, Merlin, Sorbet, Roger, Egron, de Solirene, Carette, Caccia. Supléans, MM. Bausse, Bouillery.

Le greffier donne ensuite lecture de l'arrêt de renvoi devant la cour d'assises et l'acte d'accusation rédigé en conséquence par le procureur-général. (*Voyez ci-dessus.*)

Cette lecture qui a duré plus de deux heures, étant terminée, M. l'avocat-général Vandeuvre a pris la parole.

« MM. les jurés, a-t-il dit : Dans l'ordre social, de même que dans l'organisation physique, les maux se touchent. L'équilibre une fois rompu, les germes nuisibles fermentent, les mauvaises habitudes se forment, le système se détériore, et après une longue révolution, les mœurs se trouvent dépravées, comme les humeurs à la suite d'une longue maladie. Tel a toujours été le résultat des grandes commotions politiques : et ce que nous éprouvons après une fièvre de vingt-cinq ans, et après ce délire de cent jours qui a envenimé nos plaies, d'autres l'ont éprouvé, ou le ressentiront à leur tour. Il y a des fléaux pour tous les siècles et des poisons dans tous les climats.

» Le nôtre a vu naître des hommes qui ne se meuvent que pour le crime, que l'expérience ne touche point, que la clémence ne peut vaincre, et qui n'agissent, ne pensent, ne respirent que pour la ruine de leur pays. En vain la patrie suppliante conjure-t-elle ces furieux de lui laisser quelque repos après de si longues souffrances; en vain le cri de l'indignation générale vient-il attester l'impuissance de leurs efforts? ils machinent et troublent sans cesse, ils excitent les inquiétudes, attisent les haines, et leur existence toute entière est consacrée à déchirer le sein qui les a nourris. *Vengeurs d'une prétendue liberté* qu'ils ont prostituée au despotisme le plus odieux, *ces patriotes par excellence* n'ont jamais connu d'autre liberté que le pouvoir de nuire, n'ont jamais eu d'autre Dieu que leur intérêt. C'est à lui qu'ils ont tout immolé; c'est à lui qu'ils brûlent de tout immoler encore, et pour eux, la patrie est comme une proie à laquelle ils resteraient acharnés jusqu'à leur dernier soupir, si la justice ne venait enfin marquer le terme de leurs fureurs.

» Il faut que ce terme arrive ; il est temps que la France respire, et que le châtiment de quelques-uns devienne le salut de tous. L'impunité est une source de crimes, et rarement on épargne de grands coupables sans faire beaucoup de malheureux.

» Désormais les richesses et le pouvoir ne seront plus le prix du crime et de la perfidie : c'est ici, sur ces bancs redoutables, que viendront se dénouer les trames criminelles et que les artisans de révolutions trouveront leur salaire. A de grands excès, succéderont de grands exemples ; l'autorité de vos jugemens fera ce que n'a pu faire la clémence, et l'on verra bientôt la paix et la morale publique refleurir sous un régime équitable et sévère. Car, à des maux invétérés il fau des remèdes prompts, et ce serait opprimer les gens de bien, que de faiblir avec les méchans. La France a besoin de repos. Elle a fait les plus grands sacrifices pour écarter de son sein la discorde et la guerre ; et quand ses destinées politiques sont irrévocablement fixées, quand des plaies si cruellement rouvertes, commencent à se cicatriser de nouveau, une poignée de scélérats, vile écume des révolutions, voudraient la déchirer encore ! ! !

» Une ligue impie a été formée contre les lois de l'Etat et contre le Gouvernement légitime, contre la vie du Roi et de la famille royale : ligue insensée qui devait aboutir à la ruine de ses auteurs, mais dont l'idée seule est un monument de leur perversité, et dont l'existence pouvait devenir un fléau pour les citoyens, et jeter la capitale dans les plus cruelles extrémités.

» Qui peut avoir ourdi les premiers nœuds de cette trame détestable? On a peine à se persuader qu'une aussi vaste entreprise ait été conçue par des hommes qu'un intervalle immense paraissait isoler de tous les intérêts politiques, par des gens de la lie du peuple, dénués de pouvoir et de crédit, et réduits, pour la plupart, à une profonde misère! et quand on considère avec quelle ardeur elle a été commencée, auec quel esprit de suite et de persévérance les moyens en ont été concertés et mis en action; quand on vient surtout à rapprocher certaines dates, à réunir sous un même aspect des circonstances remarquables, et à rattacher certaines prédictions des prétendus patriotes de 1816, à des événemens connus, on est tenté d'en conclure qu'ils agissaient dans un plan donné, et sous l'influence de personnages moins obscurs. Un grand crime suppose ordinairement un grand intérêt, et l'on ne s'engage pas dans un péril certain, sans quelque espérance de succès. Or, les accusés pouvaient-ils se flatter de réussir, avec leurs propres forces, dans un projet qui n'allait à rien moins qu'à renverser le trône et à ébranler la France jusques dans ses fondemens? Ils n'étaient donc que des instrumens, entre les mains d'hommes plus importans. Voilà ce que l'on s'est dit dès le principe, et ce qu'il est difficile de ne pas se dire encore.

(La suite à demain.)

Marseille, chez Antoine RICARD, imprimeur du Roi et de la Ville, rue Paradis, n°. 31.

Suite du Procès des auteurs et fauteurs de la Conspiration de 1816.

» Et c'est ici le lieu de déplorer cet aveuglement fatal qui a souvent précipité aux derniers excès des hommes destinés par leur condition aux douceurs d'une vie simple et tranquille. Ce peuple, qui a un sens si droit dans toutes les choses qui sont à sa portée, tombe dans les plus graves méprises dès qu'il veut dépasser la sphère de son intelligence; et de tous les pièges qui lui sont tendus, le plus dangereux est, sans contredit, la manie des discussions politiques. Dans ces divagations, où le plus étrange abus des mots tient presque toujours la place de la raison, où tous les faits se dénaturent, où toutes les idées se confondent, où le vrai ne se soutient jamais à côté de l'absurde, les erreurs les plus grossières s'accréditent, les plus funestes doctrines se propagent, les têtes s'exaltent, l'esprit d'insubordination fermente; et après avoir fait d'un manœuvre ou d'un artisan, un orateur de taverne, cette manie transforme souvent une boutique, ou un atelier, en un foyer de sédition. Aussi a-t-elle toujours été mise en œuvre par les agitateurs et les ambitieux, pour égarer le peuple, et le jeter dans une entreprise téméraire, dont il est infailliblement la victime ; car l'intérêt du peuple est le prétexte de toutes les révoltes ; et quels fruits le peuple a-t-il jamais tiré des séditions ? Dans la victoire, le péril est pour la multitude et le profit pour les chefs ; dans la défaite, l'impunité est pour les chefs, et le châtiment pour la multitude : c'est la marche ordinaire des choses. Les artisans de conspirations se tiennent à couvert, et l'orage tombe sur ceux qui se montrent.

» Cette cause serait-elle exception à la règle ? On pourrait le croire si l'on s'en tenait aux révélations des principaux accusés : mais les accusés ont-ils tout dit ? et savaient-ils tout ? peut-être la première idée du complot leur appartenait-elle ? peut-être aussi leur a-t-elle été suggérée ? il y avait mille moyens d'échauffer de loin ces matières inflammables ; ou si elles s'embrâsaient d'elles-mêmes, on pouvait en concentrer l'action. Un œil perçant a vu prendre les premières lueurs de l'incendie, il en a observé les progrès ; il a vu se groupper autour du foyer d'autres rayons qui jusques-là n'avaient jeté qu'une lumière incertaine. Il a vu l'association des *patriotes de* 1816 devenir, dès sa naissance, le point de mire et le pivot de plusieurs autres réunions. Il a tout pénétré, tout embrassé, tout déconcerté. Tout s'est écroulé du même coup ; et tandis que Pleignier tombait sous la main de la justice, un autre chef de bande était saisi, vendant au loin les services de Pleignier, à son insu et sans le connaître. Car tous ces machinateurs se devinaient, et n'osaient se rapprocher ; et ils étaient mieux vus qu'ils ne se voyaient eux-mêmes.

» Les patriotes de 1816 étaient donc le point d'appui de tous les factieux. On échauffait secrettement, ou on laissait mûrir leur complot; et s'ils n'avaient pas encore des chefs importans, il est croyable qu'ils n'en auraient pas manqué.

» Mais qu'ils aient été dirigés, ou qu'ils aient agi d'eux-mêmes, que la première idée du crime ait pris naissance dans une boutique ou dans un salon, la loi ne s'en enquiert pas ; la société n'en est pas moins blessée, et la qualité des coupables n'ajouterait rien à l'énormité de l'attentat ; disons plus, elle n'eût rien ajouté à ses dangers.

» La plupart des accusés, quoique nés dans un état obscur, ne manquent ni de moyens, ni d'énergie : imbus des plus détestables principes, et des habitudes les plus perverses ; vieillis dans la tactique des révolutions, audacieux, effrénés, et poussés au crime par la soif du pillage, de pareils hommes sont toujours puissants pour le mal ; et dans l'art de nuire et de troubler, ceux-ci n'avaient pas besoin de guides.

» Leur entreprise était insensée! d'accord. Mais raisonne-t-on dans le délire ? Et quand de certains hommes qui, *à la mode des Parthes*, nous lancent leurs traits en fuyant ; ou d'autres qui voudraient confondre leur disgrâce dans une combustion générale ; quand ces hommes, qu'on devine ici, parce qu'on les a trouvés partout, se seraient faits les directeurs de l'entreprise, en eût-elle été moins folle ? ces hommes eux-mêmes n'ont-ils jamais été frappés de vertige ? n'avons-nous pas sous les yeux assez de monumens de leur extravagance ? et ce qu'ils n'ont pu faire avec toutes leurs forces, l'auraient-ils fait avec une poignée de brigands ?

» On ne renverse pas ainsi un trône qui a pour base l'amour et le dévouement d'un grand peuple. La trahison et le crime peuvent l'attaquer, mais l'honneur et la fidélité le soutiennent ; et que pourraient aujourd'hui les machinations de quelques misérables, contre cette famille auguste que la Providence a deux fois rendue à nos vœux, et qui deux fois a été pour nous une ancre de salut au milieu des plus horribles tempêtes ? La France entière ne se leverait-elle pas pour exterminer ces furieux, si jamais ils osaient approcher de ce trône où reposent, avec la sagesse et la bonté, notre consolation et nos espérances ?

» Mais si la rage des factieux est impuissante contre le trône, elle ne l'est pas contre la paix publique et le repos des citoyens. Elle peut égarer des hommes crédules, exciter l'inquiétude et le désordre dans l'Etat, perpétuer des discordes *qu'il faut éteindre*, et empoisonner des plaies *qu'il faut guérir*. Elle peut enfin, et nous en avons eu récemment l'exemple, armer une aveugle multitude contre l'autorité du prince, et amener, parmi nous, des scènes de désolation et de carnage. Voilà les maux que nous devons prévenir, et les moindres de ceux que nous préparaient les patriotes de 1816.

» L'accusation à cet égard ne présente rien d'équivoque. La conspiration est évidente. Le but des conjurés est connu. Les instrumens du complot sont sous vos yeux. Les coupables ont écrit et imprimé tout au long leurs sinistres pensées. Ils se sont mis par là hors d'état de nier qu'ils aient arrêté et concerté la résolution d'exciter la guerre civile, de renverser le gouvernement et de massacrer la famille royale ; et comme la criminalité des faits réside, en pareille matière, dans cette résolution d'agir et dans les actes qui suivent, indépendamment de la force des moyens et des chances du succès, le crime des accusés est palpable.

» Et nous devons en rendre grâce au zèle, au dévouement, à la pénétration des magistrats auxquels est confié le dépôt de la sûreté publique. Attentifs à tout ce qui peut troubler la paix de l'Etat et le repos des citoyens, ils ont particulièrement déployé dans cette circonstance une profondeur et un tact admirable; et en livrant les coupables à la justice, ils ont déroulé devant elle la preuve et les instrumens du crime.

» Le magistrat chargé de l'instruction a réuni en un faisceau tous ces élémens de conviction; il a environné l'accusation d'une nouvelle limière; il a pénétré dans la conscience des accusés et, avec une rare sagacité et une impartialité scrupuleuse, il a marqué d'une manière invariable les limites de l'attaque et celles de la défense.

» Ainsi, la justice qui, dans ces sortes d'affaires, est ordinairement réduite à des données vagues et à des présomptions incertaines, trouvera dans celle-ci la conviction la plus éclatante; et vous éprouverez, Messieurs, dans les débats qui vont s'ouvrir et dans vos délibérations, ce que nous avons ressenti nous-mêmes, lorsqu'il nous a fallu coordonner dans un même plan les charges nombreuses de cette cause ; non la peine de trouver, mais l'embarras de choisir. Car l'esprit qui vous dirigera dans le sanctuaire de vos délibérations, nous a inspiré aussi dans l'examen de cette affaire. Comme vous, nous avions à cœur de remplir notre tâche, et de la remplir avec l'équité qui est le premier devoir de notre ministère, et le premier mérite du magistrat sous un Gouvernement juste et ami des hommes. Ce serait manquer à la justice que d'excéder la mesure, même dans la meilleure cause. Si la loi nous a donné un flambeau, c'est pour éclairer et non pour éblouir ; si elle nous a confié un glaive, elle nous a aussi remis une balance.

» Nous vous avons donc présenté, dans l'acte d'accusation, un exposé fidèle et scrupuleux des faits et des circonstances ; et nous nous sommes attaché à les classer avec assez d'ordre, pour que la filiation puisse en être facilement saisie. Ce serait fatiguer inutilement votre attention, que de les reproduire ici. Le débat vous les rendra présens.

» Mais s'il est inutile de vous retracer les faits de l'accusation, il est nécessaire de vous en développer le système.

(Ici M. l'avocat-général retrace la théorie particulière de la loi en fait de conspiration.)

» La seule pensée d'un complot dès qu'elle a été communiquée avec un dessein hostile contre l'Etat, est un crime; lors même qu'elle n'est pas agréée, c'est le premier degré de la criminalité.

» Lorsque la proposition a été agréée et que celui qui l'a faite, d'accord avec celui qui l'a acceptée, ou ces deux personnes entr'elles, ou un plus grand nombre de personnes, ont concerté et arrêté la résolution d'agir, la proposition est qualifiée de complot : voilà le second degré.

» Et enfin, lorsque par suite de cette résolution, un seul acte a été commis ou seulement commencé, pour parvenir à l'exécution des crimes projetés par les conspirateurs, le complot prend le caractère d'attentat, lors même que ces crimes n'auraient pas été consommés ; c'est le troisième et dernier degré.

(*La suite à ce soir.*)

Marseille, chez Antoine RICARD, Imprimeur du Roi et de la Ville, rue Paradis, n°. 31.

SUITE du Procès des auteurs et fauteurs de la Conspiration de 1816.

» Et dans ce degré se trouve une distinction aggravante, car si l'attentat a été dirigé contre la vie de la personne du souverain, il est qualifié crime de *lèze-majesté*, et puni comme *le parricide*.

» Une autre disposition particulière de ce genre de crimes, est celle qui punit tous ceux qui, ayant acquis la connaissance d'un complot tramé contre la sûreté intérieure de l'Etat, n'en ont pas fait la révélation aux autorités dans les 24 heures, lors même qu'ils seraient reconnus exempts de toute complicité, et sans qu'ils puissent être admis à s'excuser sur le fondement, qu'ils ne l'auraient point approuvé, ou même qu'ils s'y seraient opposés, et auraient cherché à en dissuader les auteurs.

» Le résumé de l'acte d'accusation et les questions qui vous seront soumises, laisseront un libre champ à votre conscience. Le système de l'accusation vous étant connu, vous en tiendrez facilement le fil durant les débats. Vous y rattacherez tous les élémens de conviction qui viendront frapper votre jugement; et après avoir formé votre opinion, d'abord sur la nature et la gravité des faits, ensuite sur le degré de participation de chacun des accusés, vous vous trouverez en état de faire une exacte justice. Car la loi, qui dans tout ce qu'elle a prévu pour la conservation de la société, n'a jamais perdu de vue l'intérêt des individus; la loi ne veut que des peines justes et nécessaires. Elle punit et ne se venge pas. Organe de cette loi impassible et tutélaire, c'est dans ses nobles inspirations, et dans la conviction d'une conscience impartiale et éclairée, que vous puiserez vos jugemens. Vous avez promis de ne trahir ni la société qui réclame votre appui, ni les accusés qui implorent votre protection: vous remplirez vos sermens; inflexibles pour le crime et compâtissans pour la faiblesse, vous ferez la part des hommes, et la part des temps; et vous sortirez de cette pénible cause, avec la vénération et la reconnaissance publique, et ce qui est plus cher encore à l'homme de bien, avec votre propre estime, et le calme d'une conscience pure. »

Après le discours de M. l'avocat-général, M. le président a procédé à l'interrogatoire des accusés Pleignier et Carbonneau. (Nous en donnerons les détails.) La séance a été ajournée à demain, 9 heures.

Audience du 29 Juin.

A dix heures, Carbonneau et Tolleron seuls sont introduits.

Interrogés sur leurs liaisons avec Dervin, le premier répond qu'il ne l'a connu que par le canal de Tolleron, le second, que c'était une simple connaissance, qu'il l'a vu d'abord en prison à la préfecture en juillet 1815.

On amène Dervin. Il a servi comme capitaine de cavalerie, depuis il a donné à boire et à manger. Il ne connaissait Tolleron que pour l'avoir vu à la préfecture de police en 1815. Il l'a depuis rencontré une fois avec Jacques Oseré l'aîné; ils sont entrés chez Souchon pour y boire un verre de vin; il ne l'a vu que cette seule fois.

Le président fait entrer Jacques Oseré. Il a aussi fait la connaissance de Dervin à la préfecture de police. Il avait, lui, été dénoncé comme ayant porté le bonnet rouge, Dervin venait quelquefois à son bureau. Il sollicitait une place d'agent de police, et il lui rédigeait ses pétitions.

Dervin interrogé sur ce qui s'est passé à l'entrevue qui a eu lieu dans le cabaret de la rue Chapon, répond qu'il s'y est trouvé avec Tolleron et Carbonneau; c'est là que celui-ci a lu la proclamation manuscrite. Il ne sait rien des projets des auteurs, il n'en a porté aucun jugement. Informé qu'il y avait une association de patriotes, il a demandé une carte pour lui, une pour son ami : il en est resté là Il a bien demandé cinq à six fois à Tolleron quels étaient les chefs, il lui a répondu qu'il ne le savait pas. Je suis fâché, dit-il, que Scheltien avec qui j'étais ne soit pas ici, il connaissait mes intentions, il serait essentiel qu'on le fît paraître, pour l'intérêt de la justice, ou de mon innocence. On a dit qu'il était disparu, c'est une erreur : il a été arrêté avec moi, la police qui était intéressée à me garder, était intéressée à le garder aussi.

Le président. Avez-vous vu Scheltien à la Conciergerie ; je ne le connais pas comme accusé ? — R. La faute dont on m'accuse est commune avec lui ; s'il a bien fait, je ne dois pas être ici ; si j'ai mal fait, il doit y être avec moi.

Le president l'interroge ensuite sur le fait de la conférence du 26 avril chez Souchon. Lorsque l'on a parlé de l'exécution, lui dit-il, vous, militaire, qui savez que pour attaquer un château comme pour attaquer une forteresse, il faut des canons, vous avez demandé où l'on en aurait ; Carbonneau vous a dit : nos Messieurs sauront s'en procurer. — R. C'était inutile, vu que la proclamation avait tout prévu.

D. Ainsi vous avez trouvé la question toute résolue.

Dervin déclare ensuite qu'il s'est rendu, le 26 avril, chez Oseré, avec Sourdon et Scheltien, pour parler de la place qu'il sollicitait. Descubes est arrivé, a parlé du frère Oseré le capitaine, et a invité Henry Oseré à boire un verre de vin : il n'est pas allé avec eux, mais Jacques Oseré l'a conduit chez Souchon, où ils étaient. Ils ont bu ensemble. Scheltien a remis la proclamation à Descubes ; je ne sais pas qui l'a lue ; mais ne pouvant pas le dire, je crois que c'est moi.

D. Le fait est grave cependant ? — R. C'est pour cela que je l'attribue plutôt à moi qu'à un autre.

Combien de temps êtes vous-resté chez Souchon ? = R. Deux heures à peu près.

D. Quels étaient ceux qui s'y trouvaient réunis ? — R. Jacques Oseré, qu'on est venu demander à son bureau ; Henry Oseré, qui est arrivé avant moi, et qui n'a fait que monter et descendre ; Descubes, Gonneau et Sourdon.

D. N'a-t-on pas dit que Gonneau avait été représentant en 1815 ; que c'était un des bons ? n'a-t-il pas montré sa médaille ? R. Je n'ai pas vu la médaille ; quant aux propos, je ne puis dire ni oui ni non.

D. Est-ce qu'il n'est pas entré chez Jacques Oseré ? — R. Non.

Jacques Oseré déclare qu'il est entré d'abord chez Souchon.

Le président. Il fallait donc qu'il y eût une réunion indiquée?

Dervin. La question est facile à résoudre; Descubes est entré le premier chez les frères Oseré ; Gonneau l'attendait.

D. Il y avait donc un rendez-vous ? — R. Quant à moi, je ne le sais pas.

D. De quoi a-t-on causé ? — R. Sans Scheltien il n'eût été question de rien. On parla d'attaquer le château, des hommes que l'on trouverait dans la garde royale, d'une infinité d'autres détails. Scheltien dit qu'il avait un meilleur moyen ; il parla d'introduire dans l'aqueduc des barils de poudre pour faire sauter le château ; il dit qu'il se chargeait de l'exécution. Tout le monde a repoussé cet avis comme impossible. On n'a plus rien dit, on a été au Sacrifice d'Abraham, boire un verre d'eau-de-vie, et je n'ai plus vu Gonneau.

D. En supposant que l'affaire eût été faisable, vous l'auriez faite ? — En supposant aussi que c'eût été mon intention et celle des personnes qui étaient là. J'ai été soldat, je sais le respect qu'on doit au Roi ; au reste, j'avais le désir de tout révéler ; celui avec qui je devais partager a mieux aimé garder la poire pour lui seul, il a bien fait.

D Ainsi c'est l'homme qui n'est pas là qui a tout fait. Il en est toujours ainsi, et je suis sûr d'avance que tous vos co-accusés rejetteront aussi tout le mal sur Scheltien ? — R. C'est pour cela que j'avais demandé qu'il fût là pour prouver sinon mon innocence, du moins mon peu de culpabilité. Scheltien m'avait dit que pour inspirer de la confiance à la police, il fallait m'arranger de manière à connaître les chefs ; c'est pour cela que j'ai agi et qu'il m'a toujours mis en avant.

M. l'avocat-général lit les interrogatoires écrits de Dervin, qui sont en contradiction avec ce qu'il vient de déclarer ; comment se fait-il, ajoute-t-il, qu'un accusé qui voulait servir la police par ses déclarations, vienne aujourd'hui dénier et dénaturer les faits ?

Le président. Que répondez-vous à l'égard du plan qui a été trouvé chez vous ?

Dervin réplique qu'il l'a fait pour gagner la confiance des chefs. Ce plan était dans la poche de Scheltien, qu'il logeait et nourrissait chez lui, qui l'a dénoncé, et qui, au moment de l'arrestation, a eu l'adresse de le glisser dans ses papiers.

D. C'est vous qui l'avez fait, ce plan ? — R. C'est Scheltien.

D. Qui a écrit le nom des rues ? — R. C'est moi, sous la dictée de Scheltien.

D. Vous convenez que vous avez écrit ces noms parce qu'il eût été facile de prouver qu'ils étaient de votre écriture ; mais, comme on aurait eu de la peine à reconnaître la main qui aurait tracé les lignes au crayon du plan, vous l'attribuez à Scheltien ? — R. Si la cour n'a aucun intérêt à empêcher que Scheltien vienne, je demande qu'on le fasse paraître ; il est inspecteur des boues et lanternes ; il a changé de nom, et s'appelle Duval.

D. Je vous offre de l'envoyer chercher ; mais on annonce qu'il est disparu ; je crains que cette démarche ne soit inutile ? — R. Eh bien je m'en rapporte à vous ; mais si j'étais chargé de l'aller chercher, je l'aurais avant une heure. C'est un homme de 5 pieds 7 pouces, qui a le nez rouge.

Me Gouix, défenseur de l'accusé, insiste sur la réquisition de son client.

La suite à demain.

Marseille, chez Antoine RICARD, imprimeur du Roi et de la Ville, rue Paradis, n°. 31.

SUITE du Procès des auteurs et fauteurs de la Conspiration de 1816.

Le président. En vertu du pouvoir discrétionnaire, j'ordonne que Scheltien sera amené à l'instant même (1). Vous voyez que je ne vous refuse aucunes facilités pour votre défense ; mais je crains que cette démarche n'ait aucun résultat. Qui a eu le premier connaissance de la conspiration ? — R. Moi.

D. Qui a fait les révélations à la police ? — R. Scheltien.

MM. les jurés tireront de ces déclarations les conséquences qu'ils jugeront convenables.

Dervin ajoute au récit de ce qui s'était passé chez Souchon, qu'à la proposition de l'accusé, Sourdon a répondu : *ce serait dommage de faire sauter un pareil édifice, car c'est beau.*

M. l'avocat-général Vandeuvre. Si vous aviez l'intention de faire des révélations, pourquoi avez-vous attendu cinq jours après votre arrestation ? R. La raison en est bien simple ; après mon arrestation je suis resté cinq jours au se-

---

(1) On a répondu à l'huissier porteur de la cédule, que Scheltien était disparu de son domicile depuis trois semaines.

cret; je n'avais pas le sou pour acheter du papier et de l'encre, et l'on sait qu'à la préfecture on n'a rien sans argent.

Le président passe à l'interrogatoire de Sourdon. Il a aussi connu Dervin à la préfecture. Interpellé de déclarer ce qui s'est passé chez Souchon, il dit qu'on a commencé par parler politique; Descubes a présenté Gonneau; en disant que c'était un bon il a dit qu'il avait été représentant; mais il n'a pas dit qu'il eût appartenu à une législature plutôt qu'à une autre. Dervin a lu la proclamation; il ne peut cependant affirmer que ce n'est pas Descubes. On a parlé aussitôt de l'association des patriotes de 1816, des moyens d'attaque du château, du nombre d'hommes nécessaire. Descubes ne s'est pas proposé pour commander, il a donné une petite marque d'amour-propre, en disant qu'il était capable de commander un bataillon, un escadron, ou même un régiment; mais cela ne se rapportait pas à l'attaque. Scheltien, le premier, a ouvert l'avis des barils de poudre. Mais ce n'était qu'un avis: comme tous ceux qui étaient là n'étaient pas initiés dans les mystères de la conspiration, si conspiration il y a eu, ils ne pouvaient rien arrêter; ce n'était qu'une conversation entre des individus égarés, et non une conférence de conspirateurs. Gonneau avait la tête dans ses mains, il paraissait être dans un état de souffrance. On parla de Bellaguet qu'on cita comme initié assez avant dans les mystères de la conspiration. Sourdon convient enfin qu'il a reçu d'abord douze cartes, une 13e de Bonassier fils, une 14e d'Henry Oseré.

Henry Oseré paraît sur le banc. Il a aussi été arrêté au mois d'août 1815 pour avoir porté l'œillet rouge. Il n'est pas lié avec Descubes, il l'a vu deux fois à propos de son frère le capitaine. Il s'est trouvé à la réunion chez Souchon, mais il est allé et venu. On n'a pas parlé d'affaires politiques; il a été cependant question des bruits qui circulaient dans Paris. Il n'a pas été question devant lui de l'attaque du château. Il n'a su que depuis, qu'il en avait été question. Il nie que la proclamation ait été lue devant lui. Il se trouve à cet égard en contradiction avec ses précédens interrogatoires. Il n'a jamais pris part à l'association; il en ignore jusqu'aux moindres détails. On a parlé de Bellaguet parce qu'il a un frère huissier chez qui Sourdon désirait entrer. Jacques Oseré n'a fait qu'entrer et sortir, et n'est pas revenu.

Emmanuel Oseré, qui est interrogé près son frère, n'a vu qu'une seule fois Descubes en 1813. Tolleron lui a remis une carte, mais il ne sait pour quel motif. Il n'est pas allé au cabaret de Souchon, il était malade. Il a bien fait nétoyer son fusil, mais c'était long-tems avant l'affaire. Il ne connaît pas la proclamation; Tolleron lui en avait promis une, mais il ne la lui a pas donnée.

Le président fait amener Gonneau.

D. Y a-t-il long-temps que vous êtes à Paris. — R. Depuis le 26 mai 1815.

D. Comment avez-vous connu Jacques Oseré?

R. Le 26 avril dernier, Descubes vint chez moi; j'étais au café voisin; je le vis passer, je l'appelai et nous déjeunâmes ensemble. En sortant, il me demande si je veux l'accompagner. Où? Je vais chez un ami, et je vous ferai voir quelqu'un que vous ne serez pas fâché de voir. Il me mène jusqu'à la cour de la Sainte-Chapelle que je ne connaissais pas encore, et me laisse là. Un moment après il revint et me dit: Je n'ai pas trouvé celui que je voulais; cependant j'ai engagé Henry Oseré à venir se raffraîchir; le café est éloigné, voulez-vous venir au cabaret voisin? — Qu'à cela ne tienne. — Nous entrons au cabaret, il descend, revient avec Henry Oseré; on apporte du vin et l'on se met à boire. Peu après, je vois entrer quatre ou cinq individus que je ne connaissais pas plus qu'Henry Oseré. Chacun se regardait; on avait l'air de ne savoir comment s'y prendre pour parler. Descubes fit observer qu'on pouvait s'expliquer librement devant moi. En effet, la conversation s'engage, je ne sais par où; au premier mot je vis qu'il s'agissait d'affaires qui n'étaient pas très-catholiques. J'avais la tête appuyée sur la main. J'entendis mille sottises, des propos vagues, des choses qui ne signifiaîent rien; je ne répondis pas un mot. Je vis l'une des personnes qui étaient là glisser à Descubes un papier plié en forme de lettre; il le prit, l'ouvrit à peine et le mit dans sa poche. Je ne faisais pas grande attention; cependant je fus un peu réveillé par la proposition d'un de ces Messieurs, et je suis convaincu à présent qu'il n'est pas du nombre des accusés: c'était de faire sauter les Tuileries. Il soutint fort et ferme que c'était le projet le plus expéditif et qu'il s'en chargerait. Chacun fait ses objections, et ce projet là tomba dans l'eau comme les autres. Ce Monsieur, je le regardais avec un air de mépris et de surprise; il s'en offensa et me dit: Quoique je sois en veste, pourtant.......... Je me retournai pour ne pas entendre le reste. Sans doute il voulait me dire qu'il était un homme d'importance. On sortit pour aller boire l'eau-de-vie dans une autre maison, rue de la Barillerie, au Sacrifice d'Abraham: c'est aussi un cabaret.

Je m'arrêtai quelque temps sous la grille du palais, incertain si j'entrerais ; cependant on me fit signe ; pour ne pas donner de soupçons j'entrai et je bus l'eau-de-vie. Là il ne fut question de rien. On descendit. Cependant le même homme dont je viens de parler dit *qu'il fallait tout tuer hors deux* ; c'est celui qui n'est pas parmi les accusés, un grand homme, c'est-à-dire un homme grand, qui a le nez rouge. J'entrai à côté dans la maison du charcutier où demeure l'un de mes amis ; je ne les ai pas revus depuis.

D. Dans cette réunion, où l'on a parlé de choses qui n'étaient pas très-catholiques, de quels projets a-t-il donc été question ? — R. J'entendis des choses extraordinaires, violentes ; mais rien de positif ; on ne parlait pas très-haut, on se chuchotait à l'oreille.

D. Puisque vous avez jugé que ce n'était pas des choses très-catholiques, vous devez vous ressouvenir des choses que vous avez ainsi jugées ?

R. Je serais fort en peine de le dire, je n'ai fait attention qu'au château.

D. Vous avez dû faire une question très-simple : s'il n'y avait pas des chefs, et quels ils étaient ? — R. Descubes m'avait dit que la personne qu'il croyait voir, n'était pas là.

D. Quelle était cette personne? — Je n'en savais rien, mais j'ai appris depuis que c'était de Bellaguet dont il voulait me parler.

D. N'a-t-on pas dit aussi dans la conversation, que Bellaguet était l'un des chefs? — R. Oui.

D. Qui l'a dit? — R. Henry Oseré; je me le rappelle bien.

Henry Oseré persiste à nier ce propos.

Gonneau ne se rappelle pas qu'il était question, ni de moyens d'attaque, ni d'artillerie.

Il paraît, dit le président, que vous étiez instruit du projet long-temps avant, que vous vous étiez déjà rencontré avec Oseré.

Gonneau convient que dans le commencement d'avril, Descubes qu'il a rencontré, l'a amené avec lui pour voir un de ses amis, c'était le capitaine Oseré, que ne l'ayant pas trouvé, il a amené son frère et lui Gonneau, dans un cabaret, le café étant trop éloigné; qu'on y a bu ne bouteille de vin, mais il n'y a été question que de faits d'arme et nullement de la conspiration.

M. Sorbet, l'un des jurés, demande à l'accusé si, chez Sourdon, la proclamation a été lue devant lui? — R. Elle n'a pas été lue.

Le président. Dervin affirme l'avoir lue lui-même? R. Il affirmera tout ce qu'il voudra, je 'en ai pas d'idée.

D. Quelles étaient donc les choses qui n'étaient pas très-catholiques? R. Il ne me paraissait pas très-catholique de faire sauter le château.

D. Dervin, chez Souchon avez-vous lu la proclamation? — R. Le plus royaliste l'aurait lue, c'était tout simple.

D. Accusé Gonneau, expliquez-nous comment après avoir entendu l'horrible projet de ces gens, vous avez pu aller encore avec eux boire l'eau-de-vie dans un cabaret? = R. Je n'étais pas fâché d'en savoir davantage.

D. Il paraît que vous avez désiré vous entretenir avec Bellaguet? — R. Oui, chez Sourdon j'avais vu des élans, mais rien de positif.

D. Quels étaient leurs desseins, à peu-près? — R. Je vous dis qu'ils n'ont rien dit de positif.

D. Vous avez cependant dû en faire mentalement l'analyse; vous regardiez même le plan comme sérieux, puisque vous avez cherché à avoir une entrevue avec Bellaguet? — R. Descubes, quoique je ne lui eusse pas dit positivement mes intentions, ne laissait pas que de les connaître, il me demanda si je voulais aller chez Bellaguet; non, lui dis-je; vas-y, tu me rapporteras fidèlement ce qu'il t'aura dit. Il m'écrivit le lendemain qu'il avait vu l'individu, et qu'il viendrait chez moi le jeudi.

(*La suite à ce soir.*)

Marseille, chez Antoine RICARD, Imprimeur du Roi et de la Ville, rue Paradis, n°. 31.

SUITE du Procès des auteurs et fauteurs de la Conspiration de 1816.

Le président donne lecture de cette lettre, qui fait partie de l'acte d'accusation.

Sourdon demande au président d'interroger Gonneau et les autres co-accusés sur sa position chez Souchon, et sur ce qu'il a pu dire; Gonneau répond qu'il avait comme lui la tête dans ses mains, et qu'il ne lui a rien entendu dire.

Le président à Sourdon. En sortant de chez Souchon, n'êtes-vous pas allé aux Tuileries avec Dervin? — Oui, je voulais voir si le projet de Scheltien était exécutable, et s'il l'eût été, j'en aurais sur-le-champ fait part, non à la police, car je savais que plusieurs de ses agens faisaient partie de la conspiration, mais à quelqu'un de la cour. J'aime à croire que vous ne verrez dans cette démarche que celle d'un honnête homme et d'un fidèle sujet.

D. Pendant les cent jours, n'avez-vous pas fait des chansons pour le café Montansier? — J'ai fait des chansons à la gloire des soldats Français, je n'en rougis point; j'ai fait des chansons à la gloire de Buonaparte, j'avoue même que je l'admirais!......

D. N'avez-vous pas fait aussi des chansons contre le Roi, dont vous êtes le fidèle sujet ? — R. C'était pour obtenir une place de Buonaparte, je n'en ai pas fait ni chanté depuis le retour du Roi.

Mr. Glandaz prie le président de demander à Dervin s'il a lu la proclamation à haute voix ? Dervin répond qu'il la lue assez haut pour se faire entendre de ceux à qui il lisait, mais de manière cependant à n'être point entendu de ceux qui passaient.

Après une interruption d'un quart d'heure, le président procède à l'interrogatoire de Descubes Lascaux.

Il ne connaît les frères Oseré qu'à cause de leur frère le capitaine. Il ne connaît pas Dervin. Le président lui témoigne son étonnement de voir un chef de bataillon, décoré, entrer dans un cabaret avec des hommes de cette espèce ; il répond qu'il a voulu les faire rafraîchir au café, mais que comme il était trop éloigné, il s'est décidé à entrer au cabaret ; il n'avait pas son uniforme, il n'a pas cru le compromettre ; il n'a invité que Henry Oseré. Cette déclaration est confirmée par Dervin, par Henry et Jacques Oseré. Relativement à la médaille, il peut affirmer qu'il n'a pas dit à Gonneau de la montrer ; s'il l'a fait, c'est de lui-même ; il ne se rappelle pas qu'il l'ait présenté à la société en disant que c'était un bon.

Sourdon déclare qu'il a dit ces propres expressions: *Je vous le donne comme bon.*

Descubes affirme qu'il n'a pas entendu lire la proclamation.

Sourdon dit qu'elle a été lue au moins en grande partie ; mais il ne se rappelle pas qu'il l'ait méditée long-temps, comme il l'avait d'abord déclaré dans l'instruction écrite.

Descubes ne se rappelle pas précisement ce qu'on disait ; on parlait de mécontentement, de conspiration ; mais d'une manière si obscure, avec si peu de connaissances militaires, qu'il n'a pas cru qu'il y eût du danger pour le Gouvernement.

Le président. Il n'y a pas été question d'attaque?

R. Scheltien a proposé la mine, le projet a été rejeté à l'unanimité.

Il y avait donc une délibération, car Scheltien ne formait pas l'unanimité.

D. Quelques individus ont dit que vous aviez demandé un commandement? — R. Leurs déclarations sont trop variées pour qu'il soit nécessaire d'y répondre.

D. N'avez-vous pas offert vos services pour l'attaque ? — R. A qui les aurai-je offerts? Ces sentimens n'étaient pas dans mon cœur, je l'affirme sur l'honneur.

Sourdon et Dervin ont soutenu le contraire dans leurs premières déclarations; ils les répètent et les confirment; Descubes persiste dans sa dénégation.

M. Vandeuvre fait observer que Descubes n'a pas dit dans ses interrogatoires écrits, qu'il affirmerait, mais seulement qu'il ne se rappellait pas.

Descubes convient qu'il a indiqué aux personnes réunies chez Souchon un signe qui était, dit-il, arrêté dans toute l'armée, et qui consistait à se donner la main de manière que les doigts forment un N capital. Il convient aussi qu'il a été chez Bellaguet, parce qu'il le croyait plus instruit qu'un autre. Bellaguet lui a dit qu'il ne savait rien, et a fini par lui proposer un rendez-vous chez Gonneau. Il y a dans sa conduite plus de curiosité et d'indiscrétion que de mauvaise intention.

Sur la réquisition de M. Flacon-Rochelle, l'un des jurés, le président demande à Gonneau comment après avoir entendu l'horrible projet des gens réunis chez Souchon, il a pu se résoudre à boire encore à la même coupe? —R. Je n'avais, répond-il, entendu que des propos vagues et incertains, qui ne m'intéressaient de rien avant de faire un rapport, je voulais saisir le fil de la trame.

Bellaguet est soumis à l'examen. Il fait *de la littérature administrative*. Il a été employé à l'administration des Invalides, de l'an 7 à l'an 11, et en 1815, il a été employé par le commissaire des guerres chargé de l'organisation des volontaires royaux. Il s'est empressé d'établir ses moyens d'existence par la supputation des produits de *ses œuvres littéraires*, et d'une *fabrique, en chambre, de chocolat*, tenue par sa femme. Il venait souvent au Palais faire des visites à M. Fournerat, l'un des secrétaires de M. le procureur du Roi, qui lui avait promis de l'occupation.

Le président. Vous alliez souvent chez Jacques Oseré ? -- R. Il n'est pas exact de dire que j'y sois allé souvent. J'étais lié intimement avec le capitaine. Je ne voyais Jacques que très-rarement, et que pour lui demander des nouvelles de son frère.

Cela est fort extraordinaire, car Jacques nous a déclaré qu'il ne voyait son frère que tous les ans. Pour avoir de ses nouvelles, il était plus simple d'aller chez lui, rue Sainte-Croix de la Bretonnerie ? — R. Je n'allais chez Jacques que machinalement, quand je passais devant sa porte.

Vous n'alliez pas chez Jacques Oseré machinalement, car vous demeurez rue Saint-Honoré, et votre route ne passait pas devant son échope? = R. J'allais au Palais par plusieurs chemins; on a pu me voir sur le Pont-Neuf, sur le quai de la Ferraille, sur le Pont-au-Change; je n'avais pas de route fixe; d'ailleurs tout chemin conduit à Rome.

Le président. Oui, quand on veut aller à Rome

M. l'avocat-général. Vous dites que vous fréquentiez habituellement le capitaine Oseré, et il a déclaré que vous lui deviez de l'argent; que vous le fuyiez et qu'il ne pouvait pas vous parler un instant. = R. J'ai demandé sur-le-champ à être confronté avec lui, et je me rappelle bien qu'il a dit en ma présence : *M. le Conseiller, je n'ai pas dit cela*; notre intimité est si peu équivoque, il est si évident qu'il n'y a pas eu un quart-d'heure de refroidissement entre nous, que la preuve en sera bien simple.

(Il résulte au contraire du procès-verbal de confrontation dont on donne lecture, que le capitaine Oseré a persisté, en présence de Bellaguet, dans la déclaration rapportée par M. l'avocat-général.)

Je suis réduit à demander une nouvelle confrontation, et à être admis à faire la preuve de ce que j'avance.

Le président. Dans les entretiens que mon ministère m'a forcé à avoir avec vous, j'ai étudié votre caractère. Je sais que vous êtes très-fin, très-adroit ; que vous chercherez à écarter les débats du point important, je saurai vous y ramener Le 26 avril au matin n'avez-vous pas eu un rendez-vous avec les frères Oseré? = Je n'ai pas voulu consentir à préciser que ce prétendu rendez-vous eût eu lieu le 26, parce que je ne sais pas s'il a eu lieu ce jour-là. Ce n'est pas au surplus un rendez-vous, mais une apparition fortuite. Passant par une petite rue qui donne dans la cour de la Ste. Chapelle, et dont je ne sais pas le nom, j'apperçus Henry Oseré devant une maison qu'on dit être un cabaret. Je lui ai demandé des nouvelles de l'aîné, voilà tout.

Henry Oseré interrogé quel jour a eu lieu cette rencontre, la fixe à quelques jours avant le 26 avril.

M. l'avocat-général. Comment alors disiez-vous chez Souchon à Descubes : *Voilà l'adresse de Bellaguet, il était ici ce matin.*

Henry Oseré, nie qu'il ait tenu ce propos. Descubes persiste dans sa déclaration.

Le président. Etiez-vous chez vous lorsque

Descubes s'y est présenté. — R. Non Monsieur, en rentrant chez moi à neuf heures pour me coucher, j'ai trouvé Descubes, que je n'avais jamais vu, qui causait auprès de la cheminée avec ma femme. Il m'a demandé des nouvelles de l'ami Oseré; je lui ai dit qu'il y avait long-tems que je ne l'avais vu.

Ici Bellaguet s'étend sur des faits désobligeans pour le capitaine Oseré. Le président lui a déclaré qu'il ne souffrirait pas qu'on insultât un homme estimable et absent, par des détails scandaleux, indignes de l'audience, étrangers à la cause, et que l'on devait regarder comme une calomnie plutôt que comme une défense. Descubes, ajoute-t-il, vous a-t-il parlé de conspiration? — R. Non; il m'a dit qu'il était attaché à l'état-major, qu'il était oublié, que les anciens militaires avaient bien à se plaindre, qu'ils étaient mécontans; je lui ai coupé la parole voyant qu'il s'égarait dans des entretiens qui ne me regardaient pas, j'ai pris ma chandelle et je l'ai reconduit sur l'escalier.

(*La suite à demain.*)

Marseille, chez Antoine RICARD, imprimeur du Roi et de la Ville, rue Paradis, n°. 3.

Suite du Procès des auteurs et fauteurs de la Conspiration de 1816.

D. Commant, après lui avoir ainsi parlé, avez-vous pu lui fixer un rendez-vous ? — R. Du tout, jamais ; je n'en ai pas dit un mot ; je suis franc comme la vérité, j'en suis sûr, parfaitement sûr ; pas un mot, pas un mot.

D. Eh-bien, vous vous trouvez en contradiction, non seulement avec un homme, mais ce qui est bien plus fort, avec une pièce qui prouve que vous avez donné un rendez-vous ? La connaissez-vous ? = R. On m'a parlé d'une lettre, on me l'a fait voir de loin.

D. Eh bien, je vais vous la faire voir de près Descubes, dites à l'accusé Bellaguet ce qui s'est passé chez lui le jour que vous y avez été.

Descubes répète ce qu'il a déjà dit ; il soutient que Bellaguet lui a donné un rendez-vous chez Gonneau. Bellaguet persiste à le nier. Puisqu'on me force à le dire, ajoute-t-il, j'ai une réponse bien simple à faire ; si j'y avais mis de la finesse, j'aurais pu nier la visite de Descubes. Je ne l'ai pas fait parce que je n'y voyais pas d'importance je n'avais pas de raison de le cacher ; je l'ai avoué dès mon premier interrogatoire.

Le président. Enfin l'accusé Descubes dit que vous lui avez donné un rendez-vous ? — R. L'accusé Descubes se trompe ; son allégation ne peut pas m'engager.

Descubes, c'est bien Bellaguet que vous avez entendu désigner par *le Monsieur en question* ? — Oui, M. le président.

Conneau, c'est bien Bellaguet que vous avez reconnu dans ces expressions ? — Oui.

Bellaguet. Je n'ai jamais entendu parler de conspiration, de cartes, de proclamation ; il est vrai que j'ai été arrêté, que j'ai subi une instruction, qu'un jugement a déclaré qu'il y avait lieu contre moi à accusation ; dût un second jugement me condamner, il serait encore vrai qu'en entrant ici je ne connaissais pas, comme je ne connais pas encore, la proclamation ; je n'ai pas voulu lire les paragraphes que contient l'acte d'accusation ; je n'en connais pas une expression ; je n'ai pas regardé une carte.

D. Tout le monde a parlé de vous comme d'un chef de l'entreprise ? — R. Tout le monde a dit ce qu'il a voulu, je n'en connais pas un.

Sourdon soutient que chez Souchon, Henri et Jacques Oscré ont dit que Bellaguet était initié dans les mystères de la conspiration.

Ils nient ce propos ; Henri dit qu'il a seulement donné son adresse à Descubes, qui voulait aller lui demander des nouvelles du capitaine.

Bellaguet persiste dans ses dénégations. Il argumente des contradictions dans lesquelles est tombé Descubes; si Descubes le charge, c'est dans l'intérêt de Gonneau, son compatriote, avec qui il est d'accord. Il n'est pas compromis par la lettre de Descubes, qui n'est pas émanée de lui, qui ne dit pas Bellaguet, mais le monsieur en question ; ce n'est pas là une de ses qualités.

Bonassier fils, parent de la femme Picard, soutient qu'il n'a jamais parlé de politique, qu'il ne s'est occupé que de son état. Sourdon soutient qu'il lui a donné une carte, Bonassier soutient le contraire. Sourdon a d'abord dit que c'était un militaire, il n'a nommé Bonassier que lorsqu'il a su qu'il était compromis dans l'affaire. Sourdon est un imposteur qui a reçu 25 fr. du préfet pour livrer ses co-accusés.

Sourdon. Je me trouve dans une situation bien singulière ; je suis mis en jugement pour n'avoir rien révélé, et l'on m'accuse d'avoir fait des révélations aux dépens de mes co-accusés, j'en suis incapable. M. le préfet m'a interrogé. Informé que je n'avais ici ni parens ni ressources, il a eu la générosité de me donner 25 fr. ; voilà la vérité.

Carbonneau. On ne m'accusera pas d'être un

délateur; eh bien, M. le préfet de police, instruit de ma malheureuse position, a fait donner 60 fr. à ma femme. Qu'il me soit permis de rendre ici un juste hommage à ses bontés.

Bonassier père, coiffeur, était convenu dans ses interrogatoires écrits, d'avoir reçu des cartes de la femme Picard, et d'avoir eu la légéreté de les distribuer en deux fois à la même personne. Il nie tout aujourd'hui. Ce sont les menaces qui lui ont arraché ces déclarations. Les renseignemens fournis par la police, le représentent comme un fabricateur de fausses nouvelles, qu'il répandait au Palais-Royal, à la Bourse. Il répond qu'il ne parle jamais de politique. S'il va à la Bourse, c'est pour y passer une heure. Le président est mal instruit. Tout son quartier répondra de lui.

Il est cinq heures, la séance est suspendue jusqu'à demain dix heures.

Audience du 30 *Juin.*

L'audience est ouverte à dix heures trois-quarts. Pleignier, Descubes et Bellaguet sont seuls au banc des accusés.

On apporte un registre à l'usage de Pleignier; il n'en résulte aucun indice sur la main qui a écrit la copie de la note explicative remise à Desbaunes, qui a été saisie chez cet accusé.

Pleignier déclare qu'elle n'est pas de son écriture : il ne sait qui l'a écrite; il ne sait si la note a été remise à la femme Picard ou à Descubes; mais ce n'est pas la note qu'on lui représente.

Desbaunes soutient que la copie n'est pas de son écriture, et que la note lui a été remise par la femme Picard; mais il ne peut affirmer que la copie représentée soit la même que cette femme lui ait remise.

Le président. Desbaunes, avant-hier vous avez fait une assertion exacte ou calomnieuse; vous avez dit qu'en demandant la note, vous n'aviez fait que céder aux instigations d'une personne que vous avez désignée. Persistez-vous dans cette déclaration? == R. Je déclare que c'est par l'insinuation de la personne à qui j'ai remis la note, que je l'ai demandée.

Lisez cette note, vous vous expliquerez en présence de cette personne.

Sur la réquisition de M. Sorbet, l'un des jurés, le président fait confectionner un corps d'écriture à Desbaunes et à Bellaguet.

Le président. On doit croire qu'il y a quelqu'honneur dans l'âme d'un homme qui a long-temps porté les armes; je vous adjure de me déclarer si la note qui vous a été remise, soit par Pleignier, soit par la femme Picard, ne portait pas un caractère particulier ? = R. Je n'ai fait aucune attention.

D. Toutes les proclamations distribuées par Pleignier étaient revêtues du timbre sec, la note qui vous a été remise le portait aussi ; la raison en est toute simple, vous vouliez des explications, une espèce de garantie des chefs ; en vous remettant une pièce portant le timbre qui ne devait être qu'en leur possession, c'était vous prouver que les gens qui vous avaient parlé étaient en communication avec eux ? = R. Je n'ai pas remarqué cette circonstance.

M. Flacon-Rochelle. La femme Picard n'a-t-elle pas recommandé à l'accusé de brûler, de déchirer la note, ou de lui en rendre la minute ? = R. Je ne me le rappelle pas. Elle m'a dit seulement : voici la note que vous avez demendée.

Me Poultier fait relire la partie de l'interrogatoire de Pleignier, où il dit que la note a été par lui remise toute cachetée à Desbaunes directement. On veut faire expliquer Pleignier sur ce point. Il ne se rappelle rien ; vous voulez, dit-il, que je me donne de la mémoire quand je n'en ai pas.

Le président ordonne qu'on fasse paraître la femme Picard.

Avant qu'elle comparaisse, M. Flacon-Rochelle demande une dernière fois à Descubes si la copie de la note n'est pas de lui.

Descubes (après une longue hésitation): Oui, monsieur, c'est de moi; je ne m'en rappelais pas du tout.

M. Delavie : La copie est-elle conforme à l'original ? — R. Oui, je l'ai copiée littéralement sous les yeux de M. Deverneuil.

Le président. Qu'est devenu l'original? — R. Je ne sais pas.

D. Dans quelle intention avez-vous fait cette copie et l'avez-vous gardée ? = R. Je n'y attachais pas d'importance; je l'ai gardée chez moi et je n'en ai fait aucun usage.

On amène la femme Picard ; elle proteste, en versant des larmes, qu'elle n'a jamais reçu de note ; elle ne sait pas ce qu'on veut lui dire. Je jure, dit-elle, par les cendres de mon père et de ma mère, serment que je n'ai jamais fait en vain, que je n'ai pas reçu de note.

Le président. A dix ans n'avez-vous pas été enfermée aux Madelonettes comme prévenue de vol ? — R. Non, Monsieur.

D. N'avez-vous pas servi rue Froidmanteau ? — R. Non.

D. Vous vous nommez Victoire Mayelle, née

à Rocroi, département des Ardennes. N'avez-vous pas été domestique? — R. Oui.

D. Quel âge avez-vous? = R. 27 ans.

D. Vous aviez 19 ans en 1807. N'avez-vous pas été arrêtée une fois? — R. Oui, Monsieur.

D. Voilà ce qu'on vous demandait. Pourquoi avez-vous été arrêtée? — R. J'étais accusée comme vous dites-là fort bien.

D. De quoi? — R. D'avoir enlevé, dans une chambre, des effets qui ne m'appartenaient pas; mais je n'étais pas coupable.

M. l'avocat-général Vandeuvre: Cela est probable puisque vous avez été renvoyée.

Sur la réquisition d'un des jurés, le président demande à Pleignier si l'obstination qu'il montre à ne pas répondre, ne serait pas la suite d'un serment qu'il aurait prêté aux agens supérieurs de l'entreprise. Devant la justice, lui dit-il, on est relevé de tous ces sermens qui n'ont pas l'honneur pour but et pour gage.

Pleignier. Je parlerai au Roi.

(*La suite à ce soir.*)

Marseille, chez Antoine RICARD, Imprimeur du Roi et de la Ville, rue Paradis, n° 31.

Suite du Procès des auteurs et fauteurs de la Conspiration de 1816.

M. Delavie, chef du juri: L'accusé prétend-il avoir à faire des révélations sur les faits qui font la matière de l'accusation ?

Pleignier. J'ai dit que je parlerai au Roi.

Le président: Après vous avoir interrogé, je ne m'en suis pas rapporté à moi seul, j'ai desiré vous mettre en contact avec l'un des hommes qui honore le plus la magistrature par ses talens et par son caractère. Vous avez été conduit dans le cabinet de M. le procureur-général; là vous étiez avec lui et moi, sans aucun appareil de justice; vous avez manifesté le désir de parler au Roi, mais vous avez ajouté qu'il ne s'agissait que de faits qui ne se rattachaient pas à l'accusation actuelle. Je vous ai dit qu'il était presque impossible qu'un accusé parût devant le Roi (et j'ai dit presque impossible, parce que ce n'est pas à moi de mettre des bornes à sa puissance); que sa présence était le présage d'une grâce, et qu'ainsi vous vous retranchez dans des impossibilités; qu'en rendant au Roi, comme vous vous en flattiez, un service inappréciable, vous ne resteriez pas sans récompense, quel que fût le crime dont vous étiez accusé. Je vous le demande encore, avez-vous des révélations à faire ; la bonté de MM. les jurés sollicite une réponse ?

L'accusé d'un ton plus animé : Je parlerai au Roi et je sauverai la France.

Le président. Voulez-vous que vos révélations soient reçues par un magistrat ?

L'accusé ne répond point.

Le président. Votre désir aura son retentissement, nos débats sont publics ; ils ont leurs échos.

L'un des conseillers. Voulez-vous faire une déclaration écrite, cachetée, qui ne sera remise qu'au Roi ? = R. Je lui parlerai.

M. Blacon Rochelle, l'un des jurés. Je fais observer à l'accusé qu'il est de son devoir d'éclairer nos consciences, nous sommes chargés de statuer sur son sort.

Le président. Vous voulez parler au Roi ; mais moi qui suis dans ce moment bien au-dessus de vous, puisque je préside la cour d'assises et que vous êtes accusé, je ne pourrais parler au Roi que par l'intermédiaire d'un ministre. Le Roi n'est-il pas le père de ses sujets, et si vous lui rendiez un grand service, craindriez-vous de n'en pas recevoir la récompense ? = R. Je parlerai au Roi, et je sauverai la France ; c'est assez en dire.

L'un des jurés remarque que dans l'écrit lu par Pleignier à l'avant-dernière audience, il a dit : j'ai peut-être des torts plus graves que ceux dont il est question.

Qels sont ces torts, dit le président.

Pleignier. L'acte d'accusation les porte.

Il paraît que la justice n'est pas assez imposante pour Pleignier; jusqu'à présent les hommes n'avaient trouvé rien de plus imposant. Vous êtes suffisamment convaincu par les pièces trouvées chez vous, par les distributions de cartes et de proclamations faites sous votre conduite. Vous vous refusez à faire une déclaration devant la justice, vous voulez parler au Roi ; vous ne savez donc pas ce que c'est que la justice ? - R. Elle n'est pas plus que le Roi.

D. Les jurés ne sont-il pas le tribunal le plus auguste ? Toute justice émane du Roi ; mais il fait grâce, et il ne juge pas. Vous voulez le voir! Sa présence est-elle donc une action indifférente? sa présence seule n'est-elle pas un bonheur pour ses sujets? — R. Je sauverai la France, je l'ai déjà dit : je parlerai au Roi.

D. Vos révélations ont-elles un rapport direct à la cause ? = R. Je parlerai au Roi.

Je vous déclare que je vais suivre le cours ordinaire des débats. Faites sortir les accusés présens, et faites entrer Lebrun.

Lebrun a connu Carbonneau à la fédération. Il en a reçu des cartes et trois proclamations; il a tout brûlé. Son dessein était d'approfondir l'affaire, de connaître les chefs pour les dénoncer à la police, à qui il avait déjà adressé deux mémoires. Mais il n'a rien pu savoir : Pleignier, qu'il a vu deux fois, ne lui a rien dit. C'est un homme froid. Une fois chez Carbonneau il lui a adressé la parole , il n'en a reçu aucune réponse.

Le président. Que vous a-t-on dit en vous donnant la proclamation? — R. De la distribuer aux patriotes.

D. Vous en avez donc pris l'engagement? — R. Oui, afin de présenter mon mémoire lorsque je serais instruit.

Diétrich paraît au banc des accusés. C'est un tailleur d'habits un peu sourd et allemand ; le président, pour qu'il entende mieux les questions, le fait descendre dans le parquet. Diétrich est signalé dans l'acte d'accusation et par la police comme un ardent politique; il dit qu'il n'en parle jamais. Dans ses interrogatoires il avait accusé Bonassier père d'avoir tenu des propos infâmes. Il ne se les rappela pas. Bonassier lui a dit très-souvent que le gouvernement allait changer. S'il allait à la Bourse, c'était seulement pour y observer le cours des papiers publics. Il avait des fonds qu'il voulait placer. En effet, on a trouvé chez lui une somme de 27,000 fr., ce qui a fait penser qu'il pouvait bien être le caissier de l'association. Diétrich dit que c'est le fruit de ses économies depuis 36 ans, et le produit de la vente de 26 actions de la Banque dont il était propriétaire.

Le président ordonne que ses registres seront apportés au greffe.

Diétrich convient qu'un soir à neuf heures, un nommé Castel lui a remis au café Cuisinier dix-huit cartes et une proclamation. Il est entré chez lui d'où il n'est sorti que le lendemain à deux heures. Il a remis deux cartes à un nommé Febvre, deux autres à deux agens de police qui l'ont emmené dans un cabaret, où il leur a donné la proclamation qu'ils lui ont lue; elle lui a fait horreur et il voulait la dénoncer à la police. Les deux agens sont sortis sur-le-champ avec la proclamation, et il a été arrêté quelques instans après.

Interrogé par M. Sorbet, si dans son premier interrogatoire il a déclaré ses intentions, il répond qu'il était si effrayé qu'il ne sait ce qu'il a dit.

M. Legouix, son avocat, fait observer qu'il a tout déclaré.

Philippe, commissionnaire en eau-de-vie, convient qu'il a été employé dans le corps franc de Simon, comme lieutenant, mais un instant seulement et en qualité d'officier d'équipement.

Le président. Vous avez eu des cartes de l'association ; un jour vous avez oublié votre portefeuille et des personnes les y ont vues ? — R. Je n'en ai jamais eu, je ne connais aucun de mes co-accusés.

Le président. Les témoins expliqueront cela.

Sur la demande de l'accusé, le président ordonne que le sieur Boistel, marchand de vin, soit assigné pour déposer.

Lascaux, étudian ten médecine, aide-chirurgien-major, convient qu'il a porté plusieurs fois le ruban de la croix d'honneur sans en avoir le droit. Il n'a jamais eu de cartes, il a vu une proclamation que Warin a copiée pour la faire paraître. Ce n'est pas lui qui a volé six bouteilles de vin dans le cabaret de Bertrand, c'est Warin. Il convient bien d'avoir pris deux bouteilles dans un buisson où elles étaient cachées, mais ce n'est pas lui qui les y avait portées.

Warin, que le président désigne comme l'un des jeunes gens les plus dangereux de Paris, convient d'avoir chanté un couplet en l'honneur du fils de Buonaparte ; il est possible aussi qu'il ait tracé sur une table le monogramme N. Il n'a jamais eu de carte ; il a copié une proclamation, qu'il a donnée au sieur Mathis, chevalier de Saint-Louis, pour la faire passer à la police. Il tenait cette proclamation de Lejeune.

M. de Vandeuvre donne lecture d'une lettre écrite par Warin dans sa prison ; elle ne prouve pas qu'il ait eu l'intention de servir la police. Je dois m'attendre, dit-il, à l'exil, au bannissement ou à la déportation. Le jour où je quitterai le sol français, sera pour moi un beau jour j'y reviendrai peut-être bientôt dans un temps, plus heureux. J'ai mangé une carte que j'avais sur moi ; la police tient une branche du parti mais elle n'en a pas la souche. Cette lettre, dit, Warin, était écrite à l'un de ses parens ; la preuve de ses intentions, c'est qu'il a fait la copie de la proclamation le 20 avril, et qu'il l'a remise le 22 au sieur Mathis.

Lejeune a copié la proclamation chez Drouot qui la lui avait offerte à lire. Il l'a communiquée à Warin et à Lascaux, qui se sont présentés chez lui comme envoyés par quelqu'un qu'ils avaient trouvé chez Drouot. Ils se sont présentés comme buonapartistes, et il ne les aurait pas laissé copier la proclamation, s'il n'avait pas eu confiance dans Lascaux, qui portait la croix d'honneur, et qui lui a promis de la remettre à la police. Bien loin d'être lui-même un buonapartiste, il a toujours servi les Bourbons. Dix ans avant leur retour, il a émigré pour ne pas servir sous Buonaparte. Il n'est rentré qu'à son mariage. Lieutenant dans les douanes royales, il a quitté sa place le 4 juin 1815, plutôt que de se battre contre son Roi légitime ; il est prêt à défendre Louis XVIII, comme il a défendu Louis XVI le 20 juin 1792.

Drouot déclare qu'un matin, Houzeau, dit Ferdinand, est venu chez lui, et lui a dit qu'il avait quelque chose de bien gentil à lui communiquer. C'était la proclamation. Ferdinand en fit lecture, mais il n'en entendit qu'une partie, parce qu'il était occupé à servir ses pratiques. Lejeune vint, il la lui montra. Lejeune voulut la copier, il ne voulut pas lui donner de papier Il sortit sur-le-champ par la Halle-aux-Vins, ne revint qu'à 5 heures, se coucha, et le lendemain il rendit la proclamation à Ferdinand.

(*La suite à demain.*)

Marseille, chez Antoine RICARD, imprimeur du Roi et de la Ville, rue Paradis, n°. 3.

SUITE du Procès des auteurs et fauteurs de la Conspiration de 1816.

Drouot soutient que ce n'est pas lui qui a envoyé Lascaux et Warin chez Lejeune, et qu'il n'en a parlé à personne.

Lejeune dit qu'au moment où il était chez Drouot, il n'y avait que lui, sa femme et son neveu.

Lascaux et Warin s'accordent à dire qu'ils ont été envoyés chez Lejeune par des personnes qu'ils ne connaissaient pas, qu'ils ont trouvées chez Drouot.

On a trouvé chez Drouot un habit de l'ancienne garde et une gargousse pleine de poudre. L'habit, il l'a acheté 5 fr., mais il était trop mauvais pour s'en faire faire un habit de garde national comme il l'avait projeté; la poudre lui vient d'un ouvrier charpentier qui l'avait achetée aux alliés.

Houzeau dit Ferdinand, convient qu'il a donné la copie de la proclamation; il ne sait comment il l'a eue. Il était ivre, et on l'a apparemment glissée dans sa poche. Elle était si malpropre qu'il l'a recopiée. Il est possible qu'il ait dit à Drouot qu'il en était pressé, parce que la personne qui la lui avait prêtée la lui redemandait; mais c'était pour ne pas faire connaître son état déplorable. Il s'est grisé à divers endroits qu'il ne peut désigner, et est rentré à une heure chez lui sans connaissance.

Cartier est interrogé seul. Il sert comme chasseur depuis 1890. Il a perdu à l'armée un œil et l'ouie d'un côté. Il est décoré de la croix d'honneur. Il avoue qu'il a reçu et distribué des cartes; mais comme il ne sait pas lire, il n'en connaissait pas les conséquences. On lui avait dit qu'en cas d'événement, elles seraient utiles à ceux qui en seraient porteurs, et il les a données à des gens qui ne sont pas capables de faire du mal à personne. C'est Garnier qui les lui a données.

Le président. Ne vous a-t-il pas dit qu'elles serviraient à prouver qu'on n'était pas royaliste? — R. Non, Monsieur; s'il me l'avait dit, je le dirais comme j'ai dit le reste.

D. Vous devez bien savoir qu'une réunion de tels patriotes ne pouvait pas avoir un but honnête.

M. Delavie: Je crois devoir faire observer dans l'intérêt des accusés, que les cartes ne portaient pas le mot *patriotes*. On n'y lit que ces mots: *union*, *honneur*, *patrie*, 1816.

Le dernier accusé est Plançon.

Le président: N'avez-vous pas été membre du

comité révolutionnaire de la section de Gravilliers ? = R. En 94 j'étais employé au directoire de département. On me nomma membre du comité révolutionnaire. Je donnai sur-le-champ ma démission ; mais je fus forcé d'accepter, de crainte d'être arrêté comme suspect et puni comme tel, et je peux me flatter d'avoir rendu des services.

Plançon nie qu'il ait remis des cartes à Garnier; on confronte ces deux accusés, ils persistent dans leurs déclarations. J'en suis sûr comme j'existe, dit Plançon.

Pour atténuer cette charge, Plançon dit que Garnier, qui a l'habitude de s'enivrer, a perdu la tête en prison.

M. l'avocat-général Vandeuvre. A la vérité, Garnier avait la tête dérangée, et peut-être ses co-accusés qui craignaient ses déclarations, y avaient contribué. Les agens de police, trop légèrement sans doute, allaient le conduire à Bicêtre; mais M. Bertin Dauligny qui procède plus méthodiquement, a fait venir Garnier dans son cabinet et est parvenu à le remettre dans son bon sens.

Sur la demande de l'un de MM. les conseillers, le président ordonne que M. Lecordier, agent de change ordinaire de Bonassier père comparaîtra. Le sieur Cera jeune, agent de change de Diétrich, est au nombre des témoins.

L'examen est terminé: l'audition des témoins commencera demain à dix heures.

Audience du Ier. juillet.

L'audience est ouverte à 10 heures trois quarts.

Avant que l'audition des témoins commence, l'accusé Descubes demande la parole. M. le président, dit-il, j'ai été calomnié d'une manière affreuse par le *Journal des Débats*. Dans la séance du 29, il a rapporté que l'un des accusés avait déclaré que j'avais eu des difficultés avec une femme qui était ma maîtresse. Non seulement le fait est faux, mais il n'en a pas été question dans les débats. Il importe à mon honneur qu'il soit rétracté.

Le président. L'accusé Bellaguet, dans son interrogatoire, s'est permis, en parlant du capitaine Oseré, des imputations que j'ai cru devoir interrompre parce qu'elles étaient étrangères à la cause, et qu'elles n'avaient d'autre intérêt que celui du scandale. Ce sont ces imputations que le *Journal des Débats* a reportées sur l'accusé Descubes. Il est époux, il est père; son épouse, par son caractère, par sa position, est digne de tous les égards ; il a droit à une réparation publique. Je recommande l'exactitude aux personnes qui recueillent des notes pour les journaux. Souvent les accusés, par leurs déclarations, inculpent des tiers que leur absence empêche de se justifier ; il serait convenable qu'ils ne désignassent les personnes étrangères à l'affaire que par des initiales (1).

Sourdon se plaint aussi avec beaucoup de véhémence de la *Gazette de France* qui, dans le N°. du 27, regarde déjà les accusés comme cou-

---

(1) Des réclamations nous avaient été adressées par MM Panckoucke et Renaupiere, imprimeurs à Paris, relativement à des personnalités, tout-à-fait étrangères à la causse, recueillies par le *Journal des Débats* dans les interrogatoires de Tolleron et de Charles. Comme nous nous étions abstenus d'en parler, nous n'avons pas cru devoir rendre ces réclamations publiques ; mais puisque l'occasion nous en est offerte, nous sommes invités à déclarer que Tolleron et Charles ont été induits en erreur, sur le compte de ces deux personnes ; que M. Panckoucke que Charles a paru désigner comme imprimeur de la fédération parisienne, a été totalement étranger à cette association ; qu'une seule affiche de convocation des fédérés a été imprimée chez lui ; et que M. Panckoucke, dont tout le tems est consacré aux grandes entreprises auxquelles il s'est livré, n'en a même eu connaissance que par suite de la vérification qu'il a faite de ses livres après avoir lu le *Journal des Débats*. (Note du rédacteur.)

pables et comme destinés au bagne ; la société, dit-il, nous accuse, mais elle ne nous a pas encore rejetés de son sein, elle nous tend, au contraire, une main secourable.

Sur l'observation de M. Flacon-Rochelle, que les journaux ne sont point dans le moment justiciables de la cour, le président ordonne qu'il soit passé à l'audition des témoins.

Les deux premiers témoins sont les sieurs Marie et Lebrun, tous deux serruriers; le piton sur lequel était gravé le timbre sec de l'association a été forgé dans la boutique du premier; l'autre a fabriqué le ressort auquel était adapté le piton; c'est Pleignier qui leur a fait faire ces objets. Ils ne déposent d'aucune autre particularité Le président fait observer que ces deux témoins, ainsi que quelques autres, n'ont été appelés que pour la forme.

3ᵉ. Témoin, Leroy, ciseleur. Vers la fin d'avril Tolleron, qui relevait de maladie et qui s'ennuyait dans son atelier où il était seul, a travaillé chez lui pendant quatre jours. Il a vu venir le trouver beaucoup de personnes, parmi lesquelles il a reconnu Carbonneau ; ces visites lui ont paru suspectes, il en a parlé à Tolleron.

Le président demande au témoin si cette observation n'a pas donné lieu à un propos remarquable de Tolleron ? après une longue hésitation, Leroy convient que Tolleron lui a répondu : *Eh bien ! tant pis pour eux, la plaine de Grenelle n'est pas morte.* Il ne sait pas qui il désignait par le mot *eux*. Sur l'interpellation de M. Dumolard, il déclare que Tolleron était si gêné qu'il vendait ses modèles.

4°. Témoin, Delassus, marchand de vin, rue Christine. Charles venait chez lui tous les quinze jours ou trois semaines, avec deux ou trois personnes, jamais plus ; il ne reconnaît aucun des accusés pour être venu chez lui avec Charles.

5°. Témoin (assigné en vertu du pouvoir discrétionnaire), Antoine-Philippe Deverneuil, chef d'escadron d'état-major, chevalier des ordres royaux de Saint-Louis et de la légion-d'honneur.

Desbaunes, interpellé par le président, persiste à déclarer que c'est par les *insinuations* de M. Deverneuil qu'il a fait toutes ces démarches ; que cet officier lui a plusieurs fois demandé des proclamations et des cartes.

Le président. Vous adoucissez vos expressions ; vous vous étiez servi du mot *instigation.*

Le témoin. Il m'est pénible que M. Desbaunes m'ait mis dans le cas d'être entendu ; c'est la note injurieuse insérée dans les journaux, qui me force à m'expliquer; chevalier de Saint-Louis et de la Légion-d'honneur, j'ai juré fidélité au Roi; j'ai juré de révéler les complots tendant au renversement du Gouvernement, qui viendraient à ma connaissance. J'ai cru devoir tenir ces sermens ainsi que je vais vous l'expliquer : Je n'avais pas vu M. Desbaunes depuis plusieurs mois; dans les premiers jours d'avril je l'ai rencontré au marché aux fleurs; il m'a accosté, nous avons parlé de nouvelles politiques. Il m'a demandé si je n'avais pas de connaissance d'une proclamation, de cartes; je répondis que non; alors il me fit voir une proclamation, me la mit dans la main avec deux cartes; je serrai le tout dans ma poche, et il me donna son adresse.

Le président à Desbaunes. Vous avez donc rencontré le témoin, et il n'est pas venu chez vous? = R. Lorsque je l'ai rencontré, nous nous sommes réciproquement demandé des nouvelles; nous avons parlé des circonstances, de la bataille de Waterloo; il m'a demandé mon adresse, mais ce n'est pas ce jour-là que je lui ai remis la proclamation.

Marseille, chez Antoine RICARD, Imprimeur du Roi et de la Ville, rue Paradis, n° 31.

SUITE du Procès des auteurs et fauteurs de la Conspiration de 1816.

Le Témoin. Cela est possible. C'est vous qui m'avez offert la proclamation et les cartes, mais ce n'est peut-être pas ce jour là. Me. Bexon, avocat de Desbaunes, supplie le président de laisser parler le témoin sans l'interrompre.

Le témoin continue. Je pris donc connaissance de la proclamation, et je dis à M. Desbaunes qu'elle avait été sans doute faite à Bruxelles par quelque régicide. Il me répondit qu'il ne pouvait pas répondre à cela, qu'il n'était pas chef et qu'il ne l'avait que par curiosité. Je le vis deux ou trois jours après; il me demanda ce que j'avais fait de ses cartes, je répondis que je les avais distribuées à des amis; il m'en proposa d'autres et m'en remit une pincée. J'examinai cela sérieusement, je fis de grandes réflexions, et je communiquai mes observations à Desbaunes. Soyez tranquille, me dit-il, il y a une seconde proclamation sous presse, elle éclaircira tout; et en effet jusqu'ici je n'avais vu que des diatribes, des injures, mais pas de plan. Trois ou quatre jours après, il me remit un petit papier, en tête duquel était écrit: *En réponse aux observations*; je ne m'en rappelle pas les termes, mais il contenait des propos infâmes, et ne ressemblait pas, quant au style, à la première proclamation. Je le fis remarquer à Desbaunes qui me dit : au surplus je n'en suis pas le chef. Il en prit copie, et exigea ma parole d'honneur que je lui rendrais l'original qui était timbré comme les cartes. Je tins la parole que je lui avais donnée, mais je ne vous dissimule pas que je crus devoir tenir aussi mes sermens et j'ai tout révélé aux autorités. Lorsque j'ai fait des objections à Desbaunes, il m'a paru flottant, indécis, il ne savait quel parti prendre, et je crois qu'il n'a agi que pas inconséquence et légéreté.

Le président. Desbaunes, qu'avez-vous à observer ?

Desbaunes rend compte de ce qui s'est passé entre lui et le témoin, des déclarations faites en d'autres termes sont parfaitement d'accord avec celles que nous venons de rapporter. Il se plaint que M. Deverneuil ne l'ait pas averti avant ses révélations.

M. Deverneuil. Je ne pouvais pas vous avertir sans compromettre le Gouvernement. J'ai tâché de vous faire comprendre ce que vous aviez à faire par tous les moyens que l'amitié m'a suggérés, je suis fâché que vous ne m'ayez pas entendu.

Desbaunes. L'âge, le grade de M. Deverneuil

lui donnaient de l'ascendant sur moi : s'il m'avait fait des observations, j'aurais abondé dans son sens.

M. Deverneuil. Je prie M. Desbaunes d'expliquer si je ne lui ai pas dit que le projet n'avait pas le sens commun, et qu'il fallait l'abandonner?

Desbaunes. Il m'a dit qu'il n'avait pas le sens commun ; mais il ne m'a pas dit de l'abandonner.

Le président. Qu'est devenu l'original de la note que vous a rendu M. Deverneuil? — Je l'ignore; je crois l'avoir déchiré chez moi.

M. Deverneuil. J'ai l'honneur de faire observer de nouveau que M. Desbaunes m'a paru indécis, flottant, entraîné pas la curiosité et l'inconséquence.

M. *Sorbet, l'un des jurés*, L'accusé Desbaunes n'a-t-il pas remis la note à la femme Picard ?

Desbaunes. Non; je l'ai plutôt remise à Pleignier.

M. *Devandeuvre*, *avocat-général.* Vous nous avez déclaré que vous aviez remis la proclamation à une autre personne, que vous avez refusé de nommer. Ne serait-ce pas à cette autre personne que vous auriez remis la note originale? — R. Non; je ne l'ai communiquée qu'à M. Deverneuil.

Le président. Déclarez quelle est cette autre personne! — R. Je ne la nommerai pas.

M. *Bexon* demande au témoin si la copie de

la note faite sous ses yeux par Desbaunes, était conforme à l'original. — Le témoin répond qu'il croit qu'elle contenait deux alinéas et un *post-scriptum* où se trouvait cette phrase : *les Bourbons une fois détruits*. (Plus tard la copie a été représentée au témoin.) Il en a reconnu les pensées et les expressions.

5.e Témoin, Boursier, garçon chez Delassus. Il connaît Charles, qui venait quelques fois chez Delassus. Le jour que Charles y est venu avec Carbonneau, Tolleron et Lefranc, il ne reconnaît aucun des accusés ; mais il se rappelle avoir remis à Charles deux papiers qui étaient tombés de sa poche.

M. l'avocat-général fait observer que c'est cette déposition qui a forcé Charles, qui d'abord niait même avoir été chez Delassus, à convenir de la réunion.

6.e Témoin. Souchon, marchand de vin, petite rue Saint-Anne ; c'est chez lui qu'a eu lieu la réunion du 26 avril ; mais il était absent. Depuis six ans les frères Oseré venaient souvent chez lui. Interpellé par Sourdon de déclarer s'il l'a vu chez lui avant le 26 avril avec les frères Oseré, il répond qu'il ne le connaît pas. Cette déclaration, dit Sourdon, prouve que je n'avais pas de liaisons avec les frères Oseré.

7.e Témoin. Souchon fils, garçon, chez son père. C'est lui qui a servi les frères Oseré et consorts le 26 avril. Il est venu deux fois chercher Jacques Oseré qu'on demandait à son bureau. Il ne reconnaît ni Descubes ni Gonneau.

8e. Témoin. Dallot, employé. Vers le 21 janvier, Sourdon est venu lui dire qu'il était décidé à révéler un complot au gouvernement. Le témoin qui le connaissait, et qui ne le voyait pas à cause de sa conduite pendant les cent jours, s'empresse de le conduire chez le duc de Maillé, mais il était à la messe. On prit rendez-vous au lendemain. La cour était à Saint-Denis.

Sourdon. N'ai-je point écrit une lettre au duc de Maillé?

Le Temoin. J'en conviens.

Le président. Ces faits se rapportent au 21 janvier? Quel rapport trouvez-vous entre le 21 janvier et le 26 avril? — R. Si j'ai voulu révéler un complot en janvier, il n'est pas à presumer que j'avais voulu conspirer en avril. Que le témoin déclare si je ne lui ai pas dit: quelle que soit la bannière d'un assassin, je ne la suivrai point.

Le Témoin. C'est vrai.

9e. Témoin. Weliski, interprête traducteur au *Journal-Général*. Il était autrefois lié avec Sourdon. Il ne le voyait plus parce qu'il différait d'opinion avec lui. Il y a trois mois il a rencontré Sourdon, qui lui a dit qu'il connaissait un complot contre le gouvernement ; le témoin l'a engagé à le révéler. Sourdon lui a demandé à qui il devait s'adresser.

Le président à Sourdon. Pourquoi donc n'avez-vous pas fait de révélation ? — R. Il m'a quitté sans me répondre.

10e. Témoin. Le sieur Houdier dépose qu'il y a trois mois il a rencontré Sourdon, qu'il avait perdu de vue depuis long-temps. Ils sont entrés chez un marchand de vin. Sourdon l'a quitté pour parler à deux individus (ce sont, au dire de Sourdon, Tolleron et Dervin), le témoin ne se rappelle pas qu'il lui ait dit qu'il n'avait pas vu ces deux hommes depuis long-temps.

11e. Témoin. Dubois, parent aux degrés non prohibés avec Gonneau. Le 28 avril, Gonneau est venu lui demander si M. Cahier, avocat-général à la cour de cassation, était chez lui. Il était à la campagne et ne devait revenir que sous trois jours. Gonneau a témoigné beaucoup de regret, il a dit au témoin qu'il avait quelque chose d'une grande conséquence à lui dire. Le témoin qui devinait de quoi il s'agissait, parce qu'il savait que Gonneau avait déja révélé à M. Cahier des secrets importans, lui a dit : tant mieux, mon ami.

Le président à Gonneau. Dans quelle intention alliez-vous chez M. Cahier ? — R. Pour lui faire des ouvertures sur le projet.

D. Vous qui avez été juge de paix, et qui connaissez la marche des affaires de cette sorte, pourquoi n'avez-vous pas été faire vos révélations au préfet de police ou au procureur-général. — R. J'étais dans l'habitude de les faire à M. Cahier.

D. Vous auriez donc laissé sauter les Tuileries avant de parler ? — R. Il n'y avait pas de risques, puisque rien n'était arrêté, qu'il n'y avait pas de plan fixe, ni d'objet déterminé.

M. le procureur-général ramène les débats sur une circonstance de l'instruction. Emmanuel Oseré, dans ses interrogatoires, a dit qu'un jour Descubes était venu avec Gonneau, qu'ils avaient été ensemble au cabaret, et qu'il leur avait parlé de cartes et de proclamation. Gonneau convenait de cette entrevue, mais il déclarait qu'il n'y avait pas été parlé d'objets politiques. Il s'était d'abord efforcé de la fixer au 20 avril, mais des circonstances particulières l'avaient fixée aux premiers jours d'avril.

Aux débats, Emmanuel Oseré s'est rétracté. Il n'a pu, a-t-il dit, parler à Gonneau de cartes ni de proclamation, car il n'en avait aucune connaissance lui-même.

Gonneau persiste dans ses déclarations. Si j'avais connu le projet avant le 26 avril, dit-il, j'aurais été connu des auteurs du projet; alors pourquoi, lorsque l'on m'a présenté à eux, aurait-on eu besoin de leur dire que j'étais un homme sûr!

(*La suite à ce soir.*)

Marseille, chez Antoine RICARD, imprimeur du Roi et de la Ville, rue Paradis, n°. 3.

SUITE du Procès des auteurs et fauteurs de la Conspiration de 1816.

12e Témoin: M. Cahier, avocat-général à la cour de cassation. Je n'ai aucune connaissance, dit-il, des faits contenus en l'acte d'accusation, que par la lecture que j'ai faite de l'acte d'accusation. Je connais M. Gonneau depuis plusieurs années. En 1788 ou 1787 j'ai fait sa connaissance à cause de son mariage avec la fille d'un magistrat des colonies, c'est une amie de ma femme. En 1790, il fut député par la ville de Rochechouart auprès du comité de constitution pour obtenir l'érection d'un tribunal dans cette ville. Il eut le bonheur de réussir, et ses concitoyens lui témoignérent leur reconnaissance en le nommant maire de la ville. Il fut ensuite juge, président de la cour criminelle; il était encore juge-de-paix en 1814. Il fut député en 1815 à la chambre de Buonaparte, mais il était malade, et j'ai su qu'il ne parut à l'assemblée qu'à l'époque où il y fut question de la déchéance de Buonaparte. Le Roi reparut, la chambre fut dissoute; alors je le vis plus fréquemment. Je me rappelle qu'en décembre ou janvier dernier, il me rendit compte d'une proposition qui lui avait été faite par des personnages qu'il ne me nomma pas, de l'initier dans la société secrète du *Lion dormant*. Cette société me parut être fort inquiétante ; il écrivit une lettre détaillée que je fis passer sur-le-champ à M. Dechallais, chef de divison à la préfecture de police, que je connais particulièrement ; sans doute elle contenait des renseignemens très-exacts, car je me rappelle que S. Exc. le ministre de la justice me fit cette réponse: Il y a trois jours ces révélations auraient été de la plus haute importance, au surplus je suis en mesure. Quelque temps après, il me remit une prétendue proclamation au nom de Marie-Louise. Je la remis aussi à M. Dechallais. Quelque temps après encore, il me fit passer la copie d'un pamphlet très-séditieux, intitulé *Changement de domicile*, des chansons également très-séditieuses; je les adressai à M. Dechallais par l'intermédiaire d'un commissaire de police.

Je suis parti le 16 avril pour aller dans ma famille ; je ne suis revenu que le 29 ; je dois dire que j'ai souvent remarqué que Gonneau avait un grand désir de mettre à profit ses relations avec certains individus, pour s'attirer les faveurs du gouvernement. Je ne revins à Paris que la nuit du 28 au 29, et le 1.er mai je reçus de M. Gonneau une lettre par laquelle il me marquait qu'il venait d'être arrêté, que mon absence lui avait été fatale, qu'il avait été introduit dans une maison où on lui avait fait connaître des projets très-extraordinaires, qu'il était dans l'intention de révéler aux autorités par mon intermédiaire. J'ai su aussi par M. Dubois, homme infiniment recommandable, que le 28 avril, Gonneau était venu lui demander si j'étais de retour de la campagne, en ajoutant qu'il voulait me faire part de choses dont la révélation était très-importante.

Le président. A quelle époque Gonneau vous a-t-il fait des confidences sur des faits quelconques? — R. En décembre ou janvier il m'a parlé du *Lion dormant.* Un mois après, plus ou moins, il m'a envoyé la proclamation: quinze jours après, la copie du pamphlet, et des chansons. S'il m'est permis d'ajouter quelque chose à ce que je viens de dire, je déclarerai que j'ai été assez à portée de connaître le caractère et les opinions de M. Gonneau, pour avoir le droit d'affirmer qu'il est ou du moins que je le crois incapable des machinations de la nature de celles dont on l'accuse, et qu'il est attaché au Roi dont il m'a toujours parlé avec respect.

Le président. Il n'est pas étonnant que devant un sujet aussi zélé, aussi distingué que vous, il ait tenu ce langage.

Le témoin, sur l'interpellation de M. Gloudon, dépose encore que Gonneau lui a envoyé des chansons qu'il avait composées à Rochechouart à l'occasion de diverses réunions en l'honneur du Roi.

Le sieur Devilleneuve, 13.e témoin, appelé par le président en vertu du pouvoir discrétionnaire, sur l'indication de M. Gloudon, dépose que le sieur Gonneau lui a manifesté les mêmes sentimens qu'à M. Cahier.

On va procéder à la vérification des caractères trouvés chez Pleignier, et à leur comparaison avec ceux de Charles.

Carbonneau. Je me ressouviens que quelque temps après que Pleignier m'eut dit de porter la proclamation chez Charles, voyant la lenteur que je mettais à rapporter la planche, il me dit: « eh bien! qu'il la fasse ou qu'il ne la fasse pas, l'affaire n'en ira pas moins. » Je vous prie d'interpeller Pleignier sur ce point.

Pleignier interrogé, répond: Je ne l'assuerrai pas positivement. Carbonneau, qui a infiniment plus de mémoire que moi, peut vous le dire.

Le président. Il nous prouve que s'il a plus de mémoire, il a aussi plus d'imagination. Si ce n'est pas Charles qui a imprimé la proclamation, qui l'a imprimée? — Je ne me le rappelle pas.

D. Chez qui l'avez-vous portée ? — R. Chez personne.

D. Vous voyez bien, Carbonneau, que c'est un conte de votre invention pour sauver Charles.

Carbonneau. M. le président, c'est moi qui à l'instigation de Pleignier, l'ai attiré dans cette malheureuse affaire : je voudrais l'en tirer, au prix de mon sang : mais je ne trahirai pas la vérité. Pleignier s'obstine à se taire ; eh bien, je vais vous dire quelque chose qui vous paraîtra extraordinaire. Pleignier m'a avoué qu'il avait remis une copie de la proclamation à un imprimeur, qui lui avait demandé s'il avait des adresses à faire imprimer.

Le président à Pleignier. Est-ce vous qui avez adressé la planche à Charles, et qui lui avez en même temps adressé une lettre ? — R. Je crois me rappeler quelque chose de cela.

D. Quel est l'imprimeur qui a fait la planche ? — Je ne sais pas.

Carbonneau (avec un mouvement très-vif d'indignation) : Si Pleignier n'a pas tout-à-fait perdu le sentiment de l'honneur, qu'il se rappelle ce qui peut être utile aux malheureux qu'il a entraînés dans l'abîme. (Les sanglots lui coupent la parole.)

Pleignier. C'est à vous à me le rappeler.

Carbonneau. Comment, c'est à moi à vous rapppeler ce que vous avez fait.

Pleignier demande que Carbonneau répète ce qu'il a dit. Carbonneau répète le fait avec vivacité.

Pleignier. Je me rappelle que j'ai remis la copie à un imprimeur.

Le président. Quel est cet imprimeur? —R. Un imprimeur ambulant.

D. Combien lui avez-vous donné? — R. 40 ou 50 fr.

D. Où. = Chez moi.

D. Voilà la mémoire qui vous revient; j'en profite pour vous demander quels étaient vos projets. — R. J'ai vu hier Mgr. le grand chancelier. Je lui ai dit ce que j'ai eu l'honneur de dire, ce que je vous ai dit, que je parlerais au Roi; je lui parlerai, Monsieur, je lui parlerai, je lui parlerai; et il importe au Roi de me faire paraître devant lui.

D. Vous aviez donc des projets bien vastes, bien liés? = (Pleignier ne répond pas.)

D. Il est dans votre système de ne pas vous lasser de ne pas répondre: il est dans mon ministère de ne pas me lasser de vous faire des questions quand la mémoire vous revient. Je vous demande si vous avez des révélations à faire ? = R. Je n'en ai aucune.

Les trois experts, Molé, fondeur et graveur en caractères, Valade et Gueffier, imprimeurs en lettres, 13e, 14e et 15e témoins, expliquent leurs opérations aux jurés. Il en résulte qu'il y a une identité parfaite de force de corps, de gravure, de hauteur, d'alignement entre les caractères, les demi-quadratins et les interlignes trouvés chez Pleignier, et qu'il a reconnu pour avoir fait partie de la planche de la proclamation, et les caractères de Charles. Une seule lettre, l'E capital du titre, diffère tout-à-fait des caractères de Charles.

Les experts interrogés sur la question de savoir s'il serait possible qu'une pareille opération faite chez un autre imprimeur eût le même résultat, répondent que cela est sinon probable, du moins possible.

Charles, présent à l'opération, déclare que la fonte de caractères trouvée chez lui provient d'une fonte plus ample qu'il a acquise d'un fondeur nommé Vernanges. Il serait ainsi possible que la proclamation eût été composée avec des caractères provenant du restant de la fonte vendue à un autre imprimeur.

La dame veuve Vernanges, 16e. témoin, appelée en vertu du pouvoir discrétionnaire, comparaît : elle sait bien que Charles se fournissait chez son mari, mais elle ne se mêlait pas du commerce. Elle dépose ses registres entre les mains du greffier.

Le président ordonne que les imprimeurs Dentu et Patris, à qui Charles présume que le restant de la fonte a été vendu, comparaîtront demain.

L'audience est levée et ajournée à demain 10 heures.

Marseille, chez Antoine RICARD, Imprimeur du Roi et de la Ville, rue Paradis, n° 31.

SUITE du Procès des auteurs et fauteurs de la Conspiration de 1816.

Audience du 2 juillet.

L'audience est ouverte à 10 heures et demie.

Quinier, bottier, rue Croix-des-Petits-Champs, n.° 54, 16.e témoin, dépose que depuis les dernières affaires, Pleignier lui a lâché quelques paroles relatives à la politique, qu'il n'a même pas voulu comprendre ; il lui a dit aussi qu'il y avait un projet de renverser le Gouvernement. Le jour qu'il fut arrêté, dit-il, il vint chez moi, comme un fou, comme un égaré ; il me dit : on m'a mis en prison, je suis en liberté, l'affaire ira de même ; on a les clefs du château, il y a des canons disposés dans les maisons ; et il est parti comme un fou.

Le président. Ne vous a-t-il pas parlé de la femme Picard ?

Le témoin. Oui, mais long-temps auparavant ; il m'a dit qu'il désirerait avoir une femme comme elle.

17.e Témoin. Patris, imprimeur, appelé en vertu du pouvoir discrétionnaire. Vernanges lui a vendu, il y a au moins six ans, un caractère petit-romain, du poids d'environ 2000. Il lui a été volé des caractères; mais il ne croit pas qu'on en ait pris assez pour faire quelque chose.

(Plus tard, le témoin Patris a représenté des essais de cette fonte, il sont soumis à la vérification de M. Molé. L'expert a constaté qu'il n'y avait aucune parité entre les caractères de Patris et ceux de Charles.)

Le témoin Patris dépose en outre qu'il y a 3 ans et demi, Charles lui a paru très-indisposé contre Buonaparte, et très-chaud partisan de la dynastie légitime.

M. *Flacon Rochelle*, l'un des jurés, insiste pour que l'on fasse composer avec les caractères de Patris, l'alinéa de la proclamation comparé avec ceux de Charles.

M. *Egron*, imprimeur, autre juré, déclare que ses connaissances le mettent à même d'apprécier cette opération, et qu'elle ne donnera aucun résultat, parce que toutes les imprimeries ont des caractères provenant des frappes de Vibert.

M. *Flacon Rochelle*: C'est précisément parce que je suis très-ignorant que je demande les instructions les plus minutieuses.

(Cette opération a été faite : les épreuves faites sur les caractères de Patris, sont comme celles qui ont été tirées sur les caractères de Charles, conformes à la proclamation imprimée.)

Dentu, imprimeur, 18e. témoin, assigné en vertu du pouvoir discrétionnaire, n'a acheté à la vente de Colas que du cicéro. Vernanges lui a vendu une fonte entière de petit-romain ; (cette fonte a été examinée par l'expert Molé ; la force de corps est la même que celle des caractères trouvés chez Charles et chez Pleignier ; mais la hauteur est infiniment plus basse ; il y a aussi une grande différence dans les crans.

19e. témoin, Febvre. M. le président fait donner un siège à ce témoin d'un âge très-avancé. Il a été arrêté avec Dietrich. Ce sont les jeunes gens qui les ont emmenés tous deux au cabaret. C'est Dietrich qui a payé le vin.

Dietrich explique cette circonstance, en disant que les jeunes gens se sont levés si vîte qu'il a été obligé de peyer.

20e témoin, la veuve Aubertin, porteur-d'eau. Dans le courant de février, le nommé Vernier lui a montré un portefeuille qu'il venait de trouver. Il le porta au bureau du mouillage à la halle-aux-vins. Peu de temps après ce jeune homme vint réclamer ce portefeuille. Ce jeune homme n'était pas Philippe.

21e témoin, Vernier, porteur-d'eau. C'est lui qui a trouvé le portefeuille, il ne sait à qui il appartenait.

Boni et Chagnier, employés à l'octroi à la halle-aux-vins, 22ᵉ et 23ᵉ témoins, déposent unanimement qu'on leur a remis au bureau du mouillage un portefeuille qu'on venait de trouver ; que ce portefeuille contenait des cartes de l'association ; que Philippe est venu le réclamer, et qu'on le lui a remis ; qu'interrogé par eux sur l'objet de ces cartes, Philippe a dit qu'il les avait trouvées ; qu'il y attachait si peu d'importance, qu'ils pouvaient les garder s'ils le voulaient.

Philippe déclare que ces deux dépositions sont fausses : Chagnier est son ennemi par suite d'une altercation qui a eu lieu avec lui ; Boni est l'ami de Chagnier.

Le sieur Pellonel, 24ᵉ. témoin, dépose que quelques jours avant le 28 avril, Philippe qu'il voyait habituellement, vint le voir, il le plaisanta sur les faux bruits qu'il débitait d'ordinaire ; Philippe lui montra le bout de deux cartes en lui disant que ce n'était pas pour lui. Le 28 à neuf heures du soir, il lui demanda s'il était bon patriote : sur la réponse affirmative du témoin, il lui proposa de lui donner des cartes, à condition qu'il jurerait de sacrifier sa fortune et sa vie au retour de Buonaparte sur le trône, et au bannissement des Bourbons : le témoin dit oui, dans l'intention, quand il vit que l'affaire était si sérieuse, de prévenir la police. En effet, le lendemain il se rendit chez un officier de police qu'il connaissait, lui dénonça le fait, mais en le suppliant de ne pas faire arrêter Philippe.

Le témoin ajoute que le jour qu'il est allé chez le préfet de police, il a rencontré un de ses cousins nommé Boitel, qui lui a dit que le bruit courait à la halle-aux-vins que Philippe avait été arrêté, parce qu'on avait trouvé dans son porte-feuille des cartes timbrées.

Philippe nie ces faits: il n'a pas vu Pellonel depuis le commencement de mars. Pellonel au contraire soutient qu'il l'a vu presque tous les soirs à sa maison dans le courant d'avril.

Philippe prétend que la dénonciation de Plelonel n'a été faite que par vengeance, et parce qu'il a refusé de lui vendre des eaux-de-vie à crédit.

Je pardonne à Philippe, dit Pellonel; si ce n'était pas la cause du Roi, je regretterais ce que j'ai fait.

Schastel, 25e. témoin, avait déclaré dans l'instruction écrite, que Bonnassier lui avait dit: avant peu il y aura un changement, cela ne tiendra pas; il avait vu Bonnassier remettre une carte à Sourdon. Sourdon lui avait dit: cela ne peut pas réussir, ils n'ont pas d'argent. Il rétracte aujourd'hui ses déclarations, elles lui ont été arrachées, dit-il, par les menaces de M. le conseiller chargé de l'instruction.

Le président. Il est remarquable que les deux Bonnassier et le témoin qui se rétracte en leur faveur, soient les seuls qui accusent M. Bretin d'Aubigny d'avoir exercé sur eux des violences morales; tous les autres accusés au contraire rendent hommage à la conduite pleine de bonté et d'humanité de ce respectable magistrat pendant l'instruction. Schastel, persistez-vous dans votre déclaration?

Schastel. Oui, Monsieur, on m'a fait des menaces.

Le président. J'ordonne que le témoin soit retenu jusqu'à la fin des débats.

26.e Témoin, Demathi, capitaine d'infanterie, chevalier de Saint-Louis. Lascaux était logé au même hôtel que le témoin, qui le voyant animé de sentimens de fidélité envers le Roi, l'engagea à se procurer des renseignemens sur les menées qui pourraient avoir pour but le renversement du Gouvernement. C'est ainsi qu'il lui remit la proclamation des patriotes de 1816, qu'il tenait d'un adjudant-major de la vieille garde qui lui avait déjà remis une prétendue proclamation de Buonaparte, datée de Belgrade.

Il lui dit que le lendemain il lui en dirait davantage, et qu'il lui remettrait une carte.

Lascaux déclare que cet adjudant-major était Lejeune.

L'un des jurés. Le témoin a-t-il vu à Lascaux la décoration de la légion d'honneur ? — R. Jamais ; si je l'avais vue, je l'aurais réprimandé sévèrement, et je l'aurais déclaré.

Le témoin fixe la date de la remise de la proclamation au 10 mai. Lejeune soutient qu'elle a été copiée par Lascaux du 22 au 24 avril. Drouot déclare qu'il l'a remise à Lejeune long-temps avant l'arrestation de Lascaux. Celui-ci persiste dans sa déclaration qu'il a remis la copie à M. Demathis, aussitôt qu'il l'a eu copiée chez Lejeune.

Lascaux, pressé de désigner la personne à qui il comptait demander des cartes, nomme Janigon, étudiant en chirurgie à l'hospice de l'Enfant-Jésus.

Le président ordonne que Janigon sera amené sur-le-champ.

Le sieur Bertrand, 27e témoin est le marchand de vin de la barrière des Fournaux, à qui appartenait le vin que Warin et Lascaux sont accusés d'avoir volé. Il déclare qu'il n'a su que par l'instruction, qu'il lui eut été volé du vin. Lascaux, en réglant un compte dans les derniers jours qu'il l'a vu, lui a compté 4 ou 5 fr. de plus, il lui a demandé pourquoi. Je vous les dois, soyez tranquille, a ajouté Lascaux.

Dans une déclaration reçue par les officiers de la garde royale qui ont arrêté Warin et Lascaux, Warin avait déclaré qu'il avait volé le vin : il prétend que cette déclaration lui a été arrachée à coups de courroies par deux grenadiers.

28e Témoin. Baron, capitaine des grenadiers à cheval de la garde, dépose que son frère, informé que Warin et Lascaux avaient l'intention de débaucher des soldats de la garde, les avait suivis dans le cabaret de Bertrand, où il les avait entendu chanter des couplets séditieux. Beaupuy soldat de la garde, qui était avec eux, ayant été arrêté, révéla tout. On les attira au quartier où ils furent arrêtés et interrogés Ils déclarèrent avoir volé du vin chez Bertrand. Trois grenadiers de l'île d'Elbe, indignés contre Warin, lui dirent : *crie donc vive l'Empereur !* et lui donnèrent quelques coups.

Marseille, chez Antoine RICARD, imprimeur du Roi et de la Ville rue Paradis, n°. 3.

SUITE *du Procès des auteurs et fauteurs de la Conspiration de* 1816.

Damiral, adjudant-major au 4ᵉ régiment d'infanterie de la garde royale, 29ᵉ témoin, dépose les mêmes faits. Pour attirer Warin et Lascaux au quartier, on leur fit écrire par Beaupuy une lettre où il les invitait à le venir trouver. Ils donnèrent dans le piège, et furent arrêtés. On les conduisit à l'Ecole-Militaire ; ils auraient été écharpés par les soldats sans la modération des officiers. On fit appliquer à Warin vingt-cinq coups de corde.

M. Tourret demande qu'il soit fait lecture de la lettre de Beaupuy.

Elle est ainsi conçue : « M. Lascaux, je suis consigné à l'ambulance, pour fait de service ; venez me voir, car j'ai quelque chose à vous dire qui vous étonnera beaucoup. »

29ᵉ témoin, Beaupuy, fusilier dans le 4ᵉ. régiment de la garde royale, a été conduit par Lascaux et Warin chez Bertrand, où il a dîné avec eux. Ils ont chanté des chansons séditieuses. Warin a tracé une N sur la nappe. Lascaux s'est emporté contre lui et l'a frappé de plusieurs coups de bouteille. Ensuite ils ont pris derrière un buisson chacun deux bouteilles de vin, en ont donné deux autres au témoin, en lui disant que c'était pour passer la barrière sans payer les droits. Le vin a été porté rue Seine, dans un café, et on l'a invité à en venir boire sa part le lendemain. Il n'a su que le lendemain, par ses officiers, que le vin avait été volé.

Un long débat s'engage sur cette dernière partie de la déclaration. Bertrand répète ce qu'il a déjà dit.

M. l'avocat-général. Il paraît certain qu'il y a eu soustraction de quelques bouteilles de vin. La soustraction a-t-elle été frauduleuse ? Voilà la seule question qui reste à examiner ; il nous semble résulter du débat que le prix du vin a été payé ou compris dans un compte arrêté ; alors la fraude disparaîtrait.

Cette concession ne termine cependant pas la discussion. Sur l'interpellation de Lascaux, Beaupuy dépose que cet accusé a donné des coups de canne à Warin lorsqu'il a appris l'enlèvement du vin.

Warin convient de cette circonstance.

Beaupuy, interpellé par le président, dépose aussi que Warin lui a dit : Vous êtes fils de veuve, vous feriez mieux de retourner à vos travaux, que de servir la cause du Roi.

Tranchant, logeur en garni, chez qui demeurait Lascaux, et Dubernard, officier de cavalerie, chevalier de Saint-Louis, 30e et 31e témoins, présens à la perquisition faite chez Lascaux, déposent qu'il a été trouvé chez lui un habit bleu où était attaché le ruban de la Légion d'honneur.

Boitel, 32e témoin, appelé en vertu du pouvoir discrétionnaire sur l'indication de Philippe, soutient qu'il n'a pas tenu le propos rapporté par le témoin Pellonel. Il n'a eu connaissance de l'affaire que par l'instruction dans laquelle il a paru.

Pellonel, qui lui est confronté, persiste dans ses déclarations.

A 4 heures l'audience est levée et ajournée à demain 10 heures pour continuer l'audition des témoins.

Audience du 3 juillet.

L'audience est reprise à dix heures et demie.

M. Serbet, l'un des jurés, demande que Carbonneau et Tolleron déclarent s'ils exigeaient un serment de ceux à qui ils distribuaient des cartes.

Carbonneau. Je n'ai donné de cartes qu'à quatre personnes, et sur mon honneur, il n'a jamais été question d'appareil. Pleignier, qui m'avait chargé de cette distribution, ne m'a jamais dit d'exiger de serment.

M. l'avocat-général. Avez-vous connaissance, que vers la fin d'avril il ait été question de faire imprimer une nouvelle proclamation ? — R. Non.

Charles, Avez-vous chez vous un Almanach royal ? — R. je n'ai qu'un Almanach du commerce, de l'année dernière.

Le président, sur la réquisition de l'avocat-général, ordonne que cet almanach sera apporté.

L'audition des témoins continue.

33e Témoin, Garrigon, appelé en vertu du pouvoir discrétionnaire. Le témoin Demathis avait indiqué ce témoin comme étant la personne chez laquelle Lascaux lui avait dit qu'il irait le lendemain chercher des cartes de l'association.

Le témoin proteste qu'il n'a eu connaissance des cartes et de l'affaire que par quelques journaux. Il ne voyait Lascaux qu'aux cours et à l'hospice de la Charité.

M. le président lit une lettre du doyen de la Faculté de Médecine, où il déclare que Lascaux n'est pas porté sur les registres de l'école.

Lascaux soutient cependant qu'il a pris des inscriptions en 1809 et 1810. Le témoin lui avait dit qu'il circulait des cartes. M. Demathis persiste dans sa déposition.

Caron, agent de change, 34e témoin, cité à la requête de l'accusé Diétrich, dépose que le 3 juillet 1815, il a vendu pour le compte de Diétrich, 26 actions de la Banque, et qu'il lui a compté le 6 du même mois 25,000 et quelques cents francs.

Le président. Diétrich, à quelle époque avez-vous acheté la maison de Saint-Germain que vous possédez ? — R. En octobre 1815.

D. Avec quels fonds ? — R. Avec les fonds qui m'ont été remis par M. Caron.

D. Comment alors se fait-il que l'on ait trouvé chez vous 27,000 francs ? — R. J'ai fait des recouvremens.

M. l'avocat-général. Je déclare que mon intention est de ne tirer aucune espèce d'induction des fonds trouvés chez l'accusé.

Le sieur Leroi, 35.e témoin, appelé par Diétrich, dépose que souvent Diétrich venait le trouver à la bourse, pour lui parler de l'acquisition qu'il voulait faire, à l'insu de sa femme, d'une autre maison à Saint-Germain.

Vilquin, portier, et Dufresnes, principal locataire de la maison où demeure Diétrich, 36.e et 37.e témoins, déposent de sa bonne conduite et de sa moralité. Jamais ils n'ont vu aucun des autres accusés venir chez lui.

Cuisinier, ancien limonadier, 38.e témoin, déclare que depuis 15 à 20 ans Diétrich a l'habitude de venir tous les jours chez lui. Jamais il n'y a tenu de mauvais propos.

Bigot, tapissier, chez lequel Desbaunes a logé 8 mois; Deslain, maître-clerc de notaire, avec qui il était lié, et Delaunay, ancien employé au ministère de l'intérieur, qui est resté 4 ans dans le même bureau que Desbaunes, 39e, 40e, et 41.e témoins, déposent de son esprit d'ordre et d'économie; il leur a toujours paru attaché au Gouvernement du Roi.

Le président. Desbaunes, quelles campagnes avez-vous faites? — R. Celles d'Austerlitz, de Prusse, de Pologne, d'Espagne, de Wagram.

D. A quelle époque êtes-vous entré au ministère de l'intérieur? — R. Après la bataille de Wagram, où j'ai été blessé grièvement.

Les sieurs Latour, Duval, Mitout, Boyard et Lect, 42e, 43e, 44e, 45e et 46e témoins, appelés à décharge par l'accusé Bonnassier, déposent qu'ils le connaissent depuis long-temps pour un honnête homme qui ne s'est jamais mêlé de politique.

M. Varesquin, corroyeur, rue Grénetat, 47e témoin, dépose qu'il a travaillé il y a quinze ou seize mois chez l'accusé Pleignier : il a toujours vu en lui un homme fort honnête, et qui ne manquait jamais aux devoirs de son état.

M. Mauguin, avocat. Je vous prie de demander au témoin quel était le moral de Pleignier, s'il n'était pas sujet à des accès de fureur.

Varesquin. Je lui ai vu faire des extravagances, mais il n'en voulait qu'à lui-même dans ces momens-là.

D. D'où cela venait-il ? — De maux d'estomac.

D. Que voulait-il faire ? — R. Il en voulait à la nature entière.

D. Combien de temps cet état durait-il ? — R. Une heure.

D. Cela était-il assez grave, pour qu'on le regardât comme un fou, et qu'on le mît entre les mains d'un médecin, ou à Charenton ? — R. Non, Monsieur.

M. Fanier, rentier, rue du Petit-Lion Saint-Sauveur, 48e témoin, et ancien voisin de Pleignier, à qui il a cédé son appartement, déclare qu'il ne lui parlait presque pas, attendu que Pleignier lui paraissait un homme insociable et d'un caractère particulier, en un mot un espèce d'ours.

D. Avait-il l'air d'un fou? — R. Tout ce que je puis dire, c'est que ce n'était pas un homme ordinaire.

Un juré. Avait-il de la fortune à cette époque? — R. Il paraissait jouir de quelque aisance, tout se faisait bien chez lui.

M. Perrin, rentier, 49ᵉ témoin, n'a pas vu Pleignier depuis 1814. Il lui a entendu dire en 1813, à l'époque où Pleignier s'occupait d'une mécanique pour cambrer les tiges de bottes: *Si çà ne me réussit pas, je me couperai le cou avec un rasoir.* Il ne paraissait pas avoir la tête tout-à-fait mal.

M. Potier, tonnelier, 50ᵉ. témoin, a connu Pleignier comme un parfait honnête homme, mais il y avait des instans où il n'avait pas la tête à lui.

Marseille, chez Antoine RICARD, Imprimeur du Roi et de la Ville, rue Paradis, n°. 31.

Suite du Procès des auteurs et fauteurs de la Conspiration de 1816.

51e. témoin, François-Fidèle Repans, ouvrier corroyeur, dit: J'ai travaillé chez Pleignier qui m'a toujours bien payé mes gages. Ce n'était pas un homme comme les autres, et il me faisait quelquefois faire de l'ouvrage *contre-l'état*, c'est-à-dire tout de travers et autrement que les autres.

52e. témoin, M. Gernelin, vernisseur sur cuir, atteste que Pleignier avait souvent la tête égarée, mais quelquefois il raisonnait très-juste. Il avait sur son état des projets *inraisonnables* et des idées impossibles à exécuter.

D. Ainsi c'était un homme à projets? = R. Oui, dans son état.

Me. Poltier, avocat de la femme Picard. L'accusé Desbaunes a-t-il été chez Pleignier?

Desbaunes. Oui, après que M. Deverneuil m'a dit que la note explicative n'avait pas le sens commun.

L'audience est levée à midi et demi, et continuée à demain onze heures très-précises pour le plaidoyer de M. l'avocat-général.

Audience du 4 Juillet.

A onze heures et demie l'audience est reprise. Sur la demande de Charles, M. le président ordonne que l'on fasse comparaître divers témoins à décharge.

Sur les observations des défenseurs de Tolleron, de Lascaux, et de Jacques Oseré, M. l'avocat-général tient pour constant à l'égard du premier, qu'il a été malade pendant tout le cours du mois d'avril ; à l'égard du second, qu'il était inscrit à l'Ecole de droit, et à l'égard du troisième, que la seconde pièce de son bureau était encombrée de meubles, et ne pouvait par conséquent servir à des conciliabules.

Montigny, médecin, 53e témoin, dépose qu'il a donné des soins à Pleignier depuis plusieurs années. En 1814, il fut saisi d'un violent mal de tête, il était exalté ; ses soins firent disparaître les accidens : ils reparurent en 1815, un nouveau traitement eut le même succès. Au commencement de 1816, les mêmes symptômes se manifestèrent ; ils étaient dissipés le 25 ou le 26 janvier. Ces accès avaient les caractères d'une maladie mentale, déraison, colère.

Comart, 53e témoin, a vu Bonnassier aux

assemblées de section. Il n'a jamais dit une parole, il ne sait pas parler.

Lecordier, 54ᵉ témoin, a fait des opérations de bourse pour le compte de Bonnassier. Il le connaît pour un homme d'une exacte probité. Son caissier lui avait une fois donné mille francs de trop, il les rapporta le lendemain.

Deroche, 55ᵉ témoin, dépose que Bonnassier ne lui a jamais parlé politique ; mais il y a plusieurs années qu'il ne le voit que rarement.

Sur la demande de Pleignier, le président fait citer de nouveaux témoins.

L'accusé Sourdon rectifie quelques faits qui pourraient nuire à ses co-accusés. Le 26 avril, Jacques Oseré n'a paru chez Souchon que par intervalles. Il n'était pas présent au moment où il a été question de l'attaque du château et du projet de mine.

Descubes n'a pas médité la proclamation, il ne l'a tenue que 2 ou 3 minutes.

M. l'avocat-général a la parole. Il a prononcé le discours suivant :

« Messieurs les jurés,

« Des misérables s'étaient promis le pillage, la dévastation, et l'embrâsement de la France. Ils se disaient: *notre succès est certain* ; *on ne nous trouve nulle part et nous sommes partout : nous sommes impénétrables* !..et déjà une main invisible tenait le fil de leur odieuse trame, le glaive des lois était suspendu sur leur tête, et la Providence, qui n'aveugle le crime que pour mieux le punir, allait faire tonner ses foudres. Ainsi le jour qu'ils saluaient comme *un jour de triomphe*, sera pour eux celui du châtiment, et cette capitale fidèle, qui devait être le premier théâtre de leurs fureurs, ne verra de ruine que celle des coupables.

» Comment des hommes du plus bas étage ont-ils pu s'élever à de si vastes conceptions ? comment des corroyeurs, des bottiers, des écrivains publics, se sont-ils flattés de devenir les arbitres de nos destinées ? Enfin, comment ces conspirateurs *impénétrables* se trouvent-ils aujourd'hui dévoilés, accusés et convaincus ?

» C'est l'effet ordinaire des révolutions, de déplacer les hommes, d'exalter les passions, et de confondre toutes les idées : dans ce flux et reflux de vicissitudes, on voit des hommes passer d'un réduit obscur sous les lambris de l'opulence, et s'élancer des derniers rangs, au faîte du pouvoir. L'émulation s'éveille, le désir s'enflamme ; la raison s'égare, et l'on se flatte de parvenir où d'autres sont arrivés.

» En est-on venu à ce haut degré de fortune

objet de l'envie et de l'émulation générale; on ne veut plus descendre. On oublie le point d'où l'on est parti. On se roidit contre l'inconstance du sort ; on s'irrite par le danger; et ce que l'on a obtenu par la bassesse ou par l'audace, on veut le retenir par le crime.

» Voilà l'histoire des ambitieux, et tout le secret de cette conspiration.

Quelques-uns voulaient se relever, d'autres ont cru s'enrichir. Ceux-là qui ont quelque chose à perdre, et qui agissent dans l'ombre, en seront quitte pour la chûte de leurs espérances. Ceux-ci, qui avaient tout à gagner, et qui ne pouvaient se passer de combattre, seront jugés, sans qu'on ait eu la peine de les vaincre.

» Car ils se sont pris dans leurs propres pièges; et ces hommes *qu'on ne pouvait trouver nulle part*, sont venus s'accuser eux-mêmes.

» Il nous sera donc facile d'établir la preuve de leur crime; et dans l'état où la cause a été amenée par la sagacité de l'instruction et la lumière des débats, si nous regardons comme un devoir indispensable d'entrer ici dans une discussion de quelqu'étendue, c'est moins par le besoin que par l'importance de la cause.

» Aussi, aurons-nous le soin de nous resserrer dans de justes bornes. Dans une affaire aussi évidente, et devant des juges comme vous, de longs développemens seraient superflus, et fatigueraient votre esprit, sans pouvoir ajouter à votre conviction.

» Nous devons montrer d'abord qu'il a été tramé un complot contre la sûreté intérieure de l'Etat.

» Nous ferons voir ensuite que ce *complot* a reçu le caractère d'*attentat*, par les actes qui ont été commis ou commencés, pour amener son exécution.

» Et nous finirons, en fixant le degré de participation que chacun des accusés peut avoir pris à ces crimes, et en qualifiant les faits dont quelques-uns d'entre eux auraient pu se rendre coupables, sans participer directement au complot.

» La loi reconnaît un complot, là où il y a eu proposition faite et agréée d'attenter à la sûreté de l'Etat, et résolution d'agir concertée et arrêtée entre deux hommes, ou plus.

» Ces caractères se rencontrent-ils dans l'affaire qui nous occupe ?

» Il suffirait pour s'en convaincre de jeter les yeux sur le banc des accusés. En voyant courbés sous le poids d'une même accusation un si grand nombre d'individus, d'origine, d'âge, de sexe et d'état différens, on se demande quel intérêt a pu les rapprocher, quel nœud les a réunis, et quelle pouvait être une entreprise qui demandait l'accession de tant de volontés, et le concours de tant de bras? et quand on réfléchit que ce grand nombre d'individus n'est qu'une fraction infiniment petite de la bande connue sous la dénomination de *patriotes de* 1816, et que plusieurs milliers d'hommes poussés par le crime ou entraînés par la séduction, s'étaient engagés dans cette association, dont les accusés ne sont que les représéntans, la raison dit qu'un pareil concours suppose nécessairement un intérêt majeur, une passion flagrante, de vastes desseins, et une entreprise périllieuse. Et comme les accusés, en général, ne pouvaient avoir entre eux d'autres rapports que ceux de l'intérêt politique et de l'esprit de parti; que presque tous ont déjà donné des marques d'un naturel inquiet et séditieux, et qu'ils n'ont été signalés jusqu'ici par aucun excès d'un autre genre, on est forcé d'en conclure que le but de leur association était de troubler l'Etat. La seule existence d'une réunion si nombreuse, composée de tels élémens, et recrutée avec toute l'ardeur toutes les précautions du crime, est donc déjà une présomption nécessaire, ou plutôt une démonstration suffisante de la préexistence du complot; car on ne se livre jamais à de pareils efforts, et l'on ne rassemble jamais une telle masse de moyens, qu'on n'ait un grand effet à produire.

» Mais qu'est-il besoin d'inductions, lorsque nous avons sous les yeux les instrumens du crime, et qu'à ces preuves éloquentes, vient se réunir l'aveu des accusés?

» Les preuves matérielles, qui sont muettes pour l'ordinaire, et n'ont de valeur qu'autant qu'elles sont traduites et commentées par le raisonnement, jettent ici une lumière que rien ne peut obscurcir; et elles deviennent à la fois, la pierre angulaire de l'accusation, et la clef de tout le système. Car, elles ne se bornent pas à établir les faits; elles en dévoilent le principe, elles en attestent le but; en un mot, elles en décèlent toute la criminalité; et outre la force qui leur est propre, elles ont encore une force de communication, qui imprime le sceau de l'évidence à toutes les autres preuves du procès.

Marseille, chez Antoine RICARD, imprimeur du Roi et de la Ville, rue Paradis, n°. 31.

SUITE du Procès des auteurs et fauteurs de la Conspiration de 1816.

» Les aveux des accusés, qu'on a toujours regardés dans les affaires criminelles, comme une présomption déterminante, mais qui cependant peuvent être discutés lorsqu'ils prennent le caractère de révélation, se trouvent ici à l'abri de toute critique. Ils reposent sur la base immuable des preuves matérielles ; et soit qu'on les considère comme confession à l'égard de ceux qui s'accusent, ou comme révélation à l'égard de ceux qui sont accusés, ils n'en ont pas moins une autorité entière et inébranlable.

» Et en effet, *comme confession*, lorsque le corps du délit est constant, et que les pièces de conviction sont exposées au regard d'un accusé, lorsqu'il se voit découvert et trahi de toutes parts, et qu'il ne peut dissimuler davantage, sans donner un démenti à l'évidence, son aveu n'est pas suspect.

» Et *comme révélation*, lorsqu'un homme réduit à s'accuser lui-même, et vaincu par l'évidence, est obligé d'en venir, après de longs efforts, à déceler des complices dont il a toujours à craindre le ressentiment, qu'il a mille raisons de ménager, et qu'il ne peut incriminer sans aggraver sa propre situation, sa déclaration est digne de foi et prend le caractère d'une véritable déposition. Nous irons plus loin : nous dirons qu'elle est préférable à tous les autres genres de déposition. Car, aux conditions requises en tout autre témoignage, il se joint ici une circonstance bien plus déterminante en faveur de la révélation, c'est que le révélateur avait un intérêt direct à dissimuler, qu'il ne pouvait tirer aucun avantage de ses révélations, et qu'il n'a parlé qu'après avoir reconnu l'impossibilité ou l'inutilité d'une plus longue réticence.

» Ainsi, en thèse générale, une révélation appuyée sur des preuves matérielles ne saurait être suspecte, quand elle n'a pas dû profiter à son auteur : et dans l'espèce, les révélations des accusés, qui n'ont été provoquées par aucune espèce de séduction, qui ont été recueillies avec la plus scrupuleuse impartialité, qui ont été long-temps refusées, et que l'évidence seule a pu arracher, qui d'ailleurs sont appuyées sur des preuves incontestables, qui sont concordantes entre elles, et qui se lient d'une manière inséparable à tous les systêmes de l'accusation, doivent obtenir la plus entière confiance.

» Or, il résulte évidemment de l'existence

même de l'association des prétendus patriotes de 1816, des pièces matérielles qui font la base et le principal moyen da l'accusation, et des *aveux positifs* des accusés, qu'un complot a été formé entre eux, avec la ferme résolution d'agir: et que le but de ce complot était d'armer les citoyens contre l'autorité royale, de renverser le gouvernement, de changer l'ordre de successibilité au trône, et de faire périr le Roi et tous les membres de sa famille.

» Ce complot est si palpable, il ressort tellement de toutes les parties de la cause, qu'il n'est jamais venu à l'idée de personne d'élever le moindre doute sur son existence, et que si quelqu'un tentait d'en élever, il recevrait un démenti des accusés eux-mêmes.

» Car toutes les pages de l'instruction sont pleines de leurs aveux ; toutes déposent que les accusés ne s'étaient cherchés, ne s'étaient rapprochés, ne s'étaient réunis que pour exciter un mouvement révolutionnaire dans l'Etat, que pour s'associer aux efforts de certains personnages qu'ils savaient, ou qu'ils croyaient prêts à attaquer le gouvernement et à renverser le trône, que pour seconder une invasion étrangère qu'on leur annonçait comme prochaine Leurs écrits, leurs discours, leurs démarches prouvent évidemment que l'association des prétendus patriotes de 1816 a été créée dans ce but, qu'elle n'en a jamais eu d'autre; que Pleignier et ses complices ne se seraient arrêtés qu'après l'entière extermination de la famille royale; qu'ils ont conçu et nourri cet horrible dessein; que pendant trois mois ils ne se sont pas distraits un moment de cette funeste pensée; qu'ils se sont mutuellement échauffés, encouragés, enflammés au crime; que la résolution d'agir concertée et arrêtée entre les chefs, a été communiquée à tous les complices; qu'ils l'ont adoptée sans restriction, avec une entière connaissance de ce qui se préparait; et que tous se sont voués avec une égale ardeur à l'exécution de cette trame abominable,

Vainement s'efforcent-ils aujourd'hui d'atténuer des aveux qui leur ont été arrachés par la force de l'évidence; vainement cherchent-ils à s'échapper de l'enceinte inexpugnable où ils se trouvent enfermés : les pièces matérielles sont là pour les y ramener sans cesse, Tant que la proclamation existera, tant que la distribution des cartes demeurera constante, il sera impossible d'y voir autre chose qu'un complot ouvertement dirigé contre la sûreté de l'Etat et contre la famille régnante, et toutes les contradictions, toutes les variations, tous les subterfuges des accusés n'aboutiront qu'à jeter un nouveau jour sur leur culpabilité personnelle, et sur le but criminel de la conspiration.

» Dès le commencement du débat, nous avons vu se produire un système qui se trouve en opposition directe avec tous les documens de l'instruction, avec les aveux des accusés, avec les preuves matérielles, avec la raison et l'évidence.

» Pleignier qui s'est donné d'abord *pour le fondateur de l'association*, et pour l'auteur du complot, Pleignier qui a expliqué *comment et pourquoi* il avait formé une conspiration contre le Gouvernement et la famille royale, Pleignier aujourd'hui n'a plus rien fait qu'une proclamation et des cartes. Il n'avait pas de plan, il travaillait sans objet. Il ne sait ce qu'il voulait, ni ce qui l'a fait agir; sa mémoire est infidèle, et il est hors d'état de répondre aux questions les plus simples, à moins qu'elles ne lui soient adressées par certains de ses co-accusés, alors il a des retours de mémoire qui étonnent; et cet homme, qui ne sait plus pourquoi il a imprimé la proclamation, se rappelle jusqu'aux moindres expressions d'une lettre qu'il a écrite à Charles, il y a quatre mois, et dont il n'a jamais parlé jusqu'à présent.

» Carbonneau qui s'est associé le premier aux desseins de Pleignier, qui l'a secondé dans les principaux actes de la conspiration, et sur qui Pleignier a cherché d'abord à faire peser une grande partie de l'accusation, n'est plus aujourd'hui qu'un instrument passif; qu'une machine qui a obéi et ne pouvait s'empêcher d'obéir à l'impulsion de Pleignier.

» Tolleron a été emporté par la même impulsion.

» Quant aux autres accusés, les uns n'ont rien fait, les autres n'ont agi que pour servir la police; et le plus grand nombre a été devancé et trahi par les gens qui la servaient.

» De manière que la moitié des accusés observait l'autre, que ceux qui étaient observés, ne faisaient rien; que ceux qui avaient des révélations à faire n'ont rien vu; que cette conspiration, que tout le monde voulait découvrir à la police, n'a jamais existé, et qu'il n'y a de vrais coupables dans cette affaire que les révélateurs.

» Et cependant, il est reconnu que tous ces révélateurs ont été initiés par les accusés, qu'ils n'ont initié personne, et qu'ils n'ont révélé que ce que les accusés se proposaient de révéler eux-mêmes.

» Il faut en convenir, Messieurs, voilà un

système bien étrange et qui justifie bien le titre *d'impénétrables* que s'étaient donné les patriotes de 1816.

» Ne serait-ce pas aussi l'accomplissement de cette menace exprimée d'une manière si solennelle dans leur proclamation : *Nous ne supposerons jamais de traîtres parmi les compagnons de nos glorieux travaux; s'il s'en trouvait un, malheur à lui! son jugement est prononcé! l'exécution serait aussi prompte que la foudre, il sera atteint et puni dans quelque lieu qu'il soit!*

» Cette irruption de tous les accusés contre les hommes qui ont préféré le titre de Français et de citoyens à celui *d'impénétrables et de patriotes de* 1816, contre ceux qui ne s'en sont pas tenus au *dessein* de faire connaître à l'autorité l'existence de la conspiration, mais qui lui en ont révélé les détails, cette irruption des accusés n'est-elle pas un commencement de la punition promise aux indiscrets, un éclat de cette foudre inévitable, qui devait tomber sur les *faux frères*.

» Non, Messieurs, ce n'est autre chose que les derniers efforts de coupables, qui se sentent accablés sous le poids de l'accusation; qui ne pouvant repousser les preuves, cherchent à empoisonner la source; qui n'ayant pu réussir à nous perdre, voudraient au moins se sauver, et qui conspirent aujourd'hui contre la vérité, comme ils conspiraient naguères contre l'Etat.

» Mais quelle peut être leur espérance? Que peuvent-ils faire contre des preuves aussi graves, aussi claires que celles qui existent au procès? Qel sens donneront-ils à cette adresse qu'ils ont composée, imprimée et distribuée? Comment pourront-ils expliquer la distribution de ces cartes qui ont servi à recruter dans Paris plusieurs milliers de sicaires et de brigands tout prêts à fondre sur vous, sur vos propriétés, sur vos familles; tout prêts à marcher contre le trône, et à ensanglanter le palais de nos Rois? Comment nieront-ils qu'ils aient conspiré, quand Pleignier, leur fondateur et leur chef, vous répète avec une opiniâtreté invincible, avec l'accent de l'inspiration ou du remords: *Je parlerai au Roi, et je sauverai la France!!*

Marseille, chez Antoine BICARD, Imprimeur du Roi et de la Ville, rue Paradis, n°. 31.

Suite du Procès des auteurs et fauteurs de la Conspiration de 1816.

» Vous ne croirez pas, Messieurs, et personne ne croira que le sort de la France ait jamais été entre les mains de Pleignier, ni que le salut de l'Etat dépende de ses révélations. Si le Roi et la France ont des ennemis secrets, ils ont la force de les comprimer, et le pouvoir de les vaincre. Ainsi, que Pleignier songe à son propre salut; des oracles plus sûrs que les siens nous répondent du nôtre.

» Mais Pleignier a eu des relations avec quelques personnages plus élevés que lui, il s'est associé à leurs vues, il a été un de leurs premiers instrumens, il a conspiré pour eux, il a voulu renverser le Gouvernement et déchirer la France : voilà ce que nous avons deviné sans qu'il nous le dît, et ce qu'on ne peut plus révoquer en doute d'après ses dernières paroles.

» Ainsi, Pleignier avait un but quand il s'est fait le fondateur de l'association des patriotes de 1816. Il voulait changer les destinées de la France et se faire un nom dans l'histoire; et Carbonneau le savait, car il nous l'a dit. Il voulait renverser le Gouvernement, car il nous l'a répété pendant six semaines, et il nous a dit pourquoi.

» La proclamation n'était donc pas seulement un écrit lancé dans le public, pour égarer l'opinion et provoquer les citoyens au renversement du Gouvernement, c'était le manifeste d'une conjuration existante, d'une association organisée, c'était le pacte d'une conspiration formée pour la destruction du Gouvernement, et l'extermination de la famille royale; et la distribution de cette pièce, et la distribution des cartes de ralliement étaient, comme nous le démontrerons tout-à-l'heure, les premiers moyens d'exécution employés par les conjurés, pour amener la réussite de cette entreprise, que tout le monde voulait révéler il y a deux mois, et qu'on voudrait nier aujourd'hui.

» La première partie de l'accusation est donc matériellement et moralement prouvée.

» Examinons la seconde.

» Y a-t-il eu *des actes* de *commis* ou *de commencés*, par suite et en exécution *de la résolution d'agir concertée et arrêtée*, entre les patriotes de 1816? Voilà ce qui, aux termes de la loi, imprimera au *complot* le caractère d'*attentat*.

» Nous ne pensons pas qu'on veuille équivoquer sur le sens du mot *actes*, employé par la loi d'une manière indéfinie, et sans aucune restriction. Au moins, ne le ferait-on pas avec avantage ; car il est évident qu'ici le législateur a voulu donner à ce mot l'acception la plus étendue, puisqu'il ne s'est pas borné à qualifier *les actes commis*, et qu'il a embrassé dans la qualification les actes même qui n'auraient été que *commencés* pour parvenir à l'exécution d'un complot ; d'où l'on doit inférer, qu'il a considéré, en cette matière, comme un commencement d'exécution, toute manifestation extérieure de la résolution d'agir, tout fait de quelque nature qu'il soit, dès qu'il tend à convertir la volonté en action.

» L'opinion contraire serait une hérésie des plus dangereuses. Si l'on n'appliquait la définition de la loi qu'aux actes de violence proprement dits, et aux derniers excès dirigés contre la sûreté publique ou la personne du souverain, il serait presque toujours impossible d'atteindre les coupables avant la consommation du crime ; et souvent l'action des lois ne serait ouverte qu'après la ruine de la société. Dans les crimes ordinaires, la loi ne punit l'action que quand elle a été commise, ou tentée ouvertement, parce que l'exemple lui paraît une garantie suffisante pour la société. Mais dans les crimes d'Etat, elle atteint le coupable avant la tentative même ;

parce qu'il importe au salut de la société, non-seulement que le crime ne soit pas commis, mais qu'il ne soit pas tenté.

» Il est donc dans l'esprit, dans la lettre de la loi, qu'un acte quelconque soit réputé commencement d'exécution, dès qu'il est la suite d'un complot, et qu'il peut en faciliter la consommation; et qu'un tel acte, lors même qu'il n'aurait été que commencé, donne au complot la qualification d'attentat.

» Et qui pourrait nier que dans l'espèce, il ne se rencontre non pas un acte commencé, mais une multitude d'actes achevés et consommés, pour amener le complot à son exécution?

» Rappelons-nous d'abord la rédaction, la communication clandestine, l'impression, et la distribution de cette adresse intitulée: *organisation secrète des patriotes de* 1816, qui est un appel direct au renversement du trône, et un vrai tocsin de guerre civile. Dans le plan des conspirateurs, qui consistait à réunir une masse d'hommes imposante au moins par le nombre, et redoutable par le choix, et à déchaîner ensuite ces élémens de subversion contre l'Etat, la distribution de cette adresse était un des plus puissans moyens d'exécution, et comme le levier de l'entreprise; et cette proclamation incendiaire porte en elle-même un tel fonds d'hostilité contre le Gouvernement et contre la famille royale, qu'on doit la considérer, non pas seulement comme l'argument du complot, comme le pacte de la conjuration, comme la manifestation d'une trame criminelle, mais comme un crime consommé dans le plan, et pour l'accomplissement de l'attentat; et cela est si vrai, qu'en isolant même l'impression et la distribution d'un pareil écrit de tout complot ou de toute résolution d'agir, les seuls faits d'impression et de distribution constituent, dans le sens de nos lois, un crime des plus graves, et emportent une peine, dont la durée n'a d'autres bornes que celles de la vie. Or, nous vous laissons à juger, si l'on peut refuser le nom d'*acte* à un *fait* consommé, lorsque ce fait est qualifié et puni par la loi comme un *crime?*

» Le même argument s'applique à la création, à la confection et la distribution des ces actes employés par les conjurés comme signe de ralliement et de reconnaissance, et comme moyen de recrutement et de dénombrement. Indépendamment de tout complot, la distribution d'un signe de ralliement séditieux et non autorisé par le Roi, constitue un délit, et certes, vous ne la regarderez pas comme un fait insignifiant, lorsqu'elle se rattache à un plan de subversion générale, et qu'elle faisait partie nécessaire de l'exécution.

» Vient ensuite un acte de même nature, mais qui porte des caractères plus graves encore. C'est la rédaction, la remise et la communication de la pièce manuscrite, commençant par ces mots : *En réponse aux observations de plusieurs de nos frères*. Vous savez, Messieurs, dans quelle circonstance cette espèce de communication officielle entre les auteurs et les adhérens ou coopérateurs du complot a pris naissance. Plusieurs des initiés refusaient de s'engager plus avant dans cette affaire, si l'on ne faisait connaître positivement les forces et les vues ultérieures des principaux conjurés. Des explications verbales avaient eu lieu à ce sujet, et n'avaient point éclairci d'une manière suffisante les points douteux. Il fallut en venir à une communication écrite ; et la pièce en question fut remise à Desbaunes. Elle produisit l'effet qu'on s'en était promis, elle mit fin à toute hésitation. L'on ne balança plus ; et après avoir reçu cette pièce, qui annonçait assez clairement le but de la conspiration, Desbaunes revint chez Pleignier, et prit encore des proclamations et des cartes qu'il a distribuées. Et ne croyez pas, Messieurs, que cette note ait été faite pour Desbaunes seulement. Ces mots *organisation secrète*.... qui se trouvent en marge, la forme de cette pièce, et le timbre dont elle fut frappée, démontrent assez qu'on voulait lui donner un caractère authentique et pour ainsi dire officiel, qu'ainsi elle était destinée à passer sous les yeux d'un grand nombre de personnes; et des renseignemens certains nous apprennent qu'elle aurait eu les honneurs de l'impression, si le compositeur des patriotes de 1816 eût été arrêté quelques jours plus tard.

» On ne peut donc s'empêcher de voir venu la rédaction de cette pièce un *acte* qui est paru resserrer le nœud de la conspiration, exciter la confiance des conjurés, enflammer leur zèle, et provoquer directement la coopération de gens qui balançaient encore à s'engager dans le crime; ce qui constitue un moyen d'exécution, en même temps que cela fournit une nouvelle démonstration du complot.

» Un autre *acte* (et assurément celui-ci allait droit au but) c'est la levée *du plan des Tuileries*. Ici l'on voit la conspiration marcher ouvertement à son exécution. Déjà l'attaque se prépare; le terrain est sondé, et bientôt se produira cette infernale pensée de débuter par l'explosion d'une mine, pour diminuer les dangers de l'assaut, et pour confondre dans une même ruine, la famille royale, et les braves qui veillent à la sûreté du trône.

» Arrive enfin le dernier acte, ou pour mieux dire les derniers actes de cette conspiration aussi insensée qu'abominable, le conciliabule du 26 avril, dans le cabaret de Souchon, arcade Sainte Anne. Dans cette sinistre conférence, il n'était plus question de décider si l'on agirait; mais comment, et quand on agirait. Le complot concerté et arrêté depuis deux mois, avait déjà reçu une partie de son exécution; la ligne était formée, les esprits montés, les bras levés: il n'y avait plus qu'à donner le signal, et à diriger les coups. Aussi de quoi s'occupe-t-on d'abord dans cette réunion? De relire le pacte de la conjuration, de demander où sont les chefs, de se recorder sur le but de la conspiration; puis on passe aussitôt aux moyens d'attaque. Le plan des Tuileries devient la base de la délibération. L'on récapitule les forces qui doivent concourir à l'assaut. Le château, les cours, le jardin, ont plus de soixante issues, il faut les bloquer. On placera du canon sur les ponts.

Marseille, chez Antoine RICARD, imprimeur du Roi et de la Ville rue Paradis, n°. 3[illegible]

SUITE du Procès des auteurs et fauteurs de la Conspiration de 1816.

» On doit fermer à la famille royale tout moyen de salut, et tout espoir de secours; l'un demande un commandement, l'autre s'inquiète où l'on aura de l'artillerie; on répond que les chefs ont pourvu à tout, et qu'ils se montreront dans le combat; enfin, l'on ouvre la proposition de faire sauter le château, et cette proposition réunit tous les suffrages. On ne convient pas encore du jour de l'attaque, mais on décide qu'elle aura lieu la nuit, et le plus tôt possible, et le soir même, deux des conjurés vont reconnaître l'état des lieux, et constater que la grille de l'aqueduc où la poudre doit être introduite, sera facilement forcée. Certes, si ce ne sont pas là des actes d'exécution, autant valait-il attendre, pour accuser les coupables, qu'on entendît éclater le tonnerre de l'explosion, et qu'on vît luire la flamme de l'incendie.

Tous ces actes, et ceux que nous avons énumérés plus haut, sont autant de moyens employés, après la résolution d'agir, par suite de cette résolution, dans le plan des conspirateurs, et pour arriver à la consommation du crime; la plupart sont des crimes eux-mêmes, et l'un d'eux suffirait pour imprimer au complot le caractère d'attentat ; à plus forte raison leur concours doit-il opérer cet effet.

» L'accusation est donc pleinement et surabondamment justifiée, en ce qui regarde l'existence et la criminalité des faits.

» Il nous reste à l'examiner relativement à chacun des accusés. Mais avant d'entrer dans cet examen, il est bon de définir ce que c'est que la *participation*, ou la *complicité*, en matière de conspiration.

» Nous vous avons déjà expliqué, Messieurs, qu'en cette matière, le premier degré du crime consiste dans la simple proposition d'attenter à la sûreté de l'état, lors même que cette proposition ne serait pas agréée ; et le second degré, dans la résolution d'agir, lorsqu'elle a été concertée et arrêtée entre deux conspirateurs et plus. Cette résolution d'agir est ce qui constitue le complot, ce qui le qualifie crime d'Etat, et crime capital, et tous les faits qui viennent s'y réunir ensuite, peuvent bien en aggraver l'énormité, mais ils n'en changent aucunement la nature.

» Or, cette théorie ne se renferme pas dans la qualification du crime seulement, elle s'étend aussi à la complicité ; si l'on est coupable de conspiration ou de complot, par la seule résolution d'agir, on peut en être complice sans avoir agi, il suffit que l'on ait accédé à la résolution avec connaissance de la fin que se proposaient les auteurs du complot. Voilà ce qui constitue la participation ou la complicité ; et après cela, il devient indifférent que les complices aient concouru personnellement à telle ou telle délibération, à tels ou tels actes, ou moyens d'exécution, *Qui veut la fin, veut les moyens.* De même donc que les premiers artisans d'un complot dont le but est déterminé, ne seraient point admis à se disculper de tels ou tels moyens d'exécution, sur le fondement que ces moyens, imaginés ou concertés depuis la naissance du complot, ne faisaient point partie du plan arrêté d'abord, lorsque d'ailleurs ces moyens n'ont apporté aucun changement dans le but du complot ; de même, les complices qui sont venus sciemment s'associer et se vouer à l'exécution du crime, ne seraient pas reçus à se défendre sur ce qu'ils n'auraient point participé à telles délibérations ou à tels actes antérieurs à leur accession, puisque ces délibérations et ces actes n'étaient qu'un acheminement au but qu'ils ont connu et adopté ; en un mot, on doit se pénétrer de cette idée qu'une conspiration est un tout identique et indivisible, dont la criminalité réside essentiellement dans la résolution d'agir; et en conclure qu'il y a complicité toutes les fois qu'il y a plein assentiment à cette résolution, quel que soit d'ailleurs le degré de coopération qui ait suivi l'adoption du complot. Et en effet, on sent très-bien, que dans une entreprise de cette nature, les rôles doivent être distribués selon la force et la portée des acteurs; que tel homme excellent pour le conseil, ne vaudrait rien pour l'exécution, que tel autre propre à un coup de main, ne serait bon à rien dans le conseil; que tout ne peut se faire en même temps; que les mêmes hommes ne peuvent être partout; qu'il faut du monde à tous les postes; que ce que l'un doit faire, ne doit pas occuper l'autre, que ce que l'un a fait, l'autre est dispensé de le faire; qu'on tire parti de tout, et qu'on n'admet sur la scène aucun personnage inutile; qu'ainsi la complicité gît dans la seule accession; qu'où il y a unanimité dans le but, il y a solidarité dans le crime, et qu'on ne peut séparer dans les faits ce qui est un par l'intention.

(M. l'avocat-général passe ensuite à la dicussion des preuves relativement à chacun des accusés en suivant l'ordre de l'accusation. Nous ne le suivrons pas dans cette partie de son plaidoyer qui n'est point susceptible d'analyse : voici en quels termes il a terminé.)

» Pleignier et Carbonneau sont donc convaincus d'être les auteurs du complot, et ils se sont rendus coupables des premiers actes qui ont été commis pour en amener l'exécution.

» Tolleron a participé sciemment aux complots et aux actes d'exécution.

» Charles a concouru aux actes d'exécution, il a sciemment coopéré à l'impression de la proclamation, et il s'est rendu complice de l'attentat.

» Lefranc a concouru sciemment aux actes d'exécution, en portant à Carbonneau la planche de la proclamation composée par les soins de Charles; il a distribué des proclamations et des cartes avec connaissance de la conspiration et il s'en est rendu complice.

» La femme Picard a eu une entière connaissance de la conspiration, et elle s'en est rendue complice en distribuant sciemment des proclamations et des cartes, en recrutant d'autres complices, en les excitant à se dévouer pour l'entreprise, et en les mettant en rapport avec les chefs.

» Desbaunes a accédé sciemment au complot, il a distribué des proclamations et des cartes; il a demandé des explications verbales et écrites, il les a communiquées à ses amis, il s'est mis en rapport intime avec les chefs, et après avoir reçu les instructions les plus positives sur le but de la conspiration, il a continué à servir es conspirateurs.

» Dervin s'est associé aux conjurés, il a pris part à leurs délibérations ; il a levé le plan des Tuileries; il a discuté le mode d'attaque du château; *il* a tout su et tout approuvé ; il a aidé à tout, et son allégation, *qu'il avait le dessein de tout révéler à la police*, nous paraît dénuée de vraisemblance.

» Emmanuel Oseré a connu le complot dès qu'il a été formé; mais il n'a participé à aucun fait d'exécution, à aucune délibération, et nous pensons qu'il ne doit être atteint que pour le fait de non révélation.

» Henri Oseré a connu l'existence et le but du complot, et il a pris part à la délibération du 26 avril. Sa complicité nous paraît prouvée.

» Jacques Oseré est accusé par de fortes présomptions ; vous déciderez, Messieurs, si elles suffisent pour motiver une condamnation contre lui.

« Sourdon a une parfaite connaissance du complot, et il a assisté à la conférence du 26 avril ; il a été ensuite, avec Dervin, visiter l'aqueduc du pont royal. Croirez-vous qu'il n'ait agi que dans le but de servir la police ? La chose est peu vraisemblable, et cette allégation écartée, Sourdon est atteint de complicité ou au moins de non révélation.

Descubes connaissait la conspiration; il a pris une part très-active à la délibération du 26 avril; il a demandé *un commandement dans l'attaque du château*; il a demandé des renseignemens et un rendez-vous à Bellaguet. Sa complicité ne nous paraît pas douteuse.

» Gonneau a été initié dans les secrets de la conspiration: il s'est rapproché des conspirateurs; il a assisté au conciliabule du 26 avril, et il attendait Bellaguet, chez lui, le 2 mai. Si vous en croyez l'opinion d'un magistrat recommandable, Gonneau n'a joué que le rôle d'observateur ; si vous en croyez la vraisemblance, Gonneau sera coupable de complicité, ou au moins de non révélation.

» Bellaguet n'a été vu nulle part, mais on parlait de lui partout. A-t-il donné un rendez-vous à Descubes? Cela nous paraît démontré, et nous en concluons qu'il était complice de la conspiration, ou que du moins il en avait connaissance;

» Bonnassier fils a parlé de la conspiration à Sourdon et à Schastel. Il est certain, malgré ses dénégations, qu'il a donné une carte à Sourdon. Si vous ne le déclarez pas complice, vous n'hésiterez point à décider qu'il a distribué un signe de ralliement non autorisé par le Roi.

» Diétrich a distribué des cartes à Faivre et à deux autres individus, et il ne peut éviter la peine attachée à la distribution de tout signe de ralliement non autorisé par le Roi.

» Lebrun a été instruit du complot, il a connu le but et les progrès des conspirateurs. Il a reçu des proclamations et des cartes avec la mission de les distribuer. Tout annonce qu'il les a distribuées avec le dessein de coopérer à l'exécution du complot; mais en supposant que vous ne le trouviez pas suffisamment atteint de complicité, ou même de distribution, il ne peut échapper à la peine de non-révélation.

» Bonnassier père a puissamment coopéré à répandre les proclamations et les cartes, et vous n'hésiterez pas à décider qu'il est coupable de distribution d'un écrit tendant au renversement du gouvernement, et d'un signe de ralliement non autorisé par le Roi.

Marseille; chez Antoine RICARD, imprimeur du Roi et de la Ville, rue Paradis, n°. 31.

SUITE du Procès des auteurs et fauteurs de la Conspiration de 1816.

» Philippe a distribué des cartes avec connaissance de la conspiration ; il a recruté pour les conjurés ; il a pris le serment de Péloillo, et il nous paraît atteint de complicité.

» Warin et Lascaux ont propagé et répandu la proclamation, en faisant des copies de cet écrit. Ont-ils soustrait frauduleusement six bouteilles de vin dans un cabaret où ils étaient reçus? Nous nous en rapportons à cet égard à votre prudence. Mais Lascaux a porté indûment le ruban de la légion d'honneur. Nous demandons acte à la cour des réserves que nous faisons contre ces deux accusés, pour la poursuite ultérieure des délits de provocation à la désertion et de discours séditieux, dont ils ont été prévenus par l'instruction, et dont la cour n'a pas été saisie.

» Lejeune, Drouot et Houzeau dit Ferdinand, ont communiqué et copié et fait copier la proclamation, et par là ils se sont rendus coupables de distribution d'un écrit contenant des provocations directes au renversement du gouvernement.

» Enfin, Cartier, Garnier et Plançon doivent

être atteints comme ayant distribué un signe de ralliement non autorisé par le Roi.

» L'accusation est donc justifiée, le crime est évident, et les coupables sont devant vous.

» C'est assez vous dire, Messieurs, quels devoirs vous aurez bientôt à remplir. Où notre ministère finit, le vôtre commence.

» Appelés à délibérer dans cette cause, vous vous êtes pénétrés de son importance ; vous en avez suivi les débats avec une attention religieuse, et vous porterez le même esprit de recueillement dans la chambre de vos délibérations. Exempts de prévention, comme de faiblesse, impassibles comme la loi dont vous êtes ici les premiers organes, vous tiendrez la balance d'une main ferme et équitable. Vous n'oublierez point ce que vous devez aux accusés, mais vous remplirez aussi tout ce que la société vous demande. La loi ne veut rien que de juste, mais elle veut tout ce qui est juste. La société n'est pas inexorable, mais elle a besoin d'exemples. Il est tems de briser le nœud de ces associations criminelles, de ces trames odieuses qui tendent à propager la discorde entre les citoyens, et le trouble dans l'Etat. Il faut extirper le mal jusque dans sa racine, si nous voulons éteindre le foyer des révolutions, et nous conserver une patrie. Car la patrie n'est pas seulement cet amas de pierres qui nous environne, ce coin de terre que nous habitons; c'est le lien moral qui nous unit, c'est le concours de toutes les volontés vers un même centre, de toutes les forces vers un même but: c'est cette communauté d'intérêts, de sentimens, d'affections, qui réunit les individus sous une même loi, sous un même chef, qui en fait un corps doué de tous ses organes, ou plutôt une famille de frères obéissante à la loi d'un mutuel amour, et à la douce et respectable autorité d'un père. Voilà ce que c'est que la patrie; voilà les nœuds que nous devons chérir, le bien que nous devons défendre. La réparation de nos longs malheurs, la prospérité et la gloire de l'Etat, le bonheur des familles, notre consolation, notre repos, notre espérance, tout est dans notre union. Que personne ne puisse la troubler impunément. *Oublions, oublions à jamais le passé*; mais rendons-nous maîtres de l'avenir, en mettant ordre au présent. Terribles quand on les craint, les méchans tremblent quand on les brave. S'il existe encore autour de nous quelques misérables qui spéculent sur les désastres de notre pays, enchaînons-les par la force de l'exemple. Apprenons à ces hommes, qui n'ont de français que le nom, apprenons-leur qu'ils doivent renoncer à toute espérance, que leurs pas sont comptés, qu'ils marchent sous le glaive ; et que rien ne pourra nous ravir les heureuses destinées qui nous sont promises, sous un monarque protecteur de la sûreté et de la liberté publiques, sous un digne fils de ce Henri qui sut pacifier et vaincre, et qui, avec le penchant de pardonner, avait la force de punir. »

La majesté du lieu, la présence de la justice, n'ont pu comprimer un vif mouvement d'approbation dans l'auditoire : des applaudissemens, des cris de *vive le Roi*, se font entendre.

Deux des témoins appelés comparaissent.

Le sieur Raffin, ancien lieutenant de police, déclare qu'il doit la vie à Charles, qui l'a d'abord empêché d'être envoyé à Paris, et ensuite l'a fait sortir de prison avec plusieurs de ses parens.

Le sieur Callagan dépose que Charles lui a rendu le même service, et qu'il passait pour être très-serviable.

L'audience est suspendue pour une demi-heure.

A quatre heures et demie, l'audience est reprise.

Avant que les plaidoyries commencent, Me. Baxon, dans l'intérêt de Desbaunes, demande que le sieur Deville, ancien magistrat, soit entendu.

M. le président. Précisez les faits sur lesquels vous voulez faire entendre le témoin.

M. Bexon. C'est sur les moyens employés pour conduire Desbaunes dans le précipice où il est aujourd'hui.

M. le président. La cour va en délibérer.

Après une courte délibération dans la chambre du conseil, le président prononce l'arrêt suivant :

Attendu que les faits ne sont pas assez précisés, la cour ordonne qu'il sera passé outre.

M. *Bexon.* M. le président, je vais les préciser et les rédiger même par écrit, si vous le jugez nécessaire. Ce que je demande dépend seulement de votre pouvoir discrétionnaire. Il s'agit d'établir qu'il n'y a pas long-temps qu'envers une autre personne, M. de Verneuil a agi comme il avait fait envers Desbaunes. Je demande plus encore : c'est que, sur ce point l'on entende MM. Pasque et Comminge.

M. le président. En vertu de mon pouvoir discrétionnaire, j'ordonne qu'il sera passé outre.

M. Mauguin, avocat de Pleignier, a la parole. Après des considérations particulières à Pleignier qu'il a représenté comme un homme sinon en démence, dumoins dans un état moral qui en approche, l'avocat examine les circonstanc es de fait dont il est accusé. Il a composé un écrit insensé, mais peut-on dire qu'il soit l'auteur d'une conspiration.

Quelles étaient ses ressources en finances? Il était ruiné. Quelles étaient ses armes, ses munitions? Un tranchet, peut-être. Et pourquoi? parce qu'un édit a changé la forme des bottes. Voilà ces projets qui en eux-mêmes, n'inspireraient peut-être que la pitié, si leur nature n'avait pu inspirer quelqu'effroi.

Il passe bientôt à la discution de la criminalité de ces faits et traite cette question : Pleignier est-il coupable d'un complot contre la sûreté de l'Etat? qu'est-ce qu'un complot, dit-il.

Dans l'usage ordinaire, ce mot désigne quelque chose de vague, de mystérieux, d'effrayant. On se figure des hommes hardis, ambitieux et puissans, tramant dans l'ombre, agitant un parti, combinant leurs mesures, répartissant les rôles, préparant l'attaque, tandis que dans le lointain on voit le danger de l'Etat, la fortune publique compromise, et tous les citoyens menacés dans leurs intérêts comme dans leur existence.

Dans le sens légal, il y a complot *dès que la résolution d'agir est concertée et arrêtée* entre deux conspirateurs ou un plus grand nombre. Mais qu'est-ce qu'une résolution d'agir *concertée et arrêtée?* C'est ici que le sens des termes est précieux. La vie ou la mort d'un individu en dépendent, et comme le dit Caton dans un fameux monologue: être ou n'être pas, telle est la question. Le vœu, le désir de voir changer la forme de l'Etat, quelque horrible, quelque épouvantable qu'il puisse être, suffirait-il pour qu'il y eût complot? Non sans doute; car si la morale s'occupe des pensées des hommes, la loi ne juge que leurs actions. Mais le vœu, le désir manifesté par un acte, suffit-il au moins pour constituer le complot? Pas davantage. Un cri séditieux, la distribution d'un signe de ralliement prohibé, un écrit incendiaire, prouvent le désir de voir et même de faire changer le gouvernement, et cependant ces divers crimes ne constituent pas un complot. Qu'est-ce donc qu'un complot? C'est comme le dit la loi, une résolution d'agir *concertée et arrêtée* entre deux ou plusieurs.

Ainsi le vœu et la résolution d'agir sont des caractères communs au complot et aux divers crimes dont nous venons de parler; mais des mesures concertées et arrêtées, et le nombre des conspirateurs, voilà les caractères particuliers du complot. Dans la cause, trouve-t-on le nombre de conspirateurs exigé par la loi?

Elle n'en demande que deux, parce qu'elle a pensé qu'un complot pourrait avoir lieu entre deux hommes puissans, revêtus d'un commandement ou d'une autorité quelconque. Dans tous les cas, l'accusation du complot ne pese que sur Pleignier et sur Carbonneau. MM. les jurés ont donc à examiner si l'on peut considerer Carbonneau comme ayant été chef des projets formés par Pleignier. Le nombre des autres accusés ne peut influer en rien sur la décision; la plupart ne se connaissaient pas; ils n'ont été réunis que par l'accusation.

Peut-on dire qu'il y a eu de la part de Pleignier des *mesures concertées et arrêtées?* ..... Tout conspirateur veut détruire d'abord et élever ensuite. Il faut donc qu'il pense et aux moyens de créer un nouveau gouvernement et aux moyens de renverser celui qui existe. Mais Pleignier n'avait pas même pensé à former un nouveau gouvernement; mais il n'avait pris et n'avait pu prendre aucune mesure pour renverser celui qui existe. En l'isolant toujours du conciliabule du 26 avril, dont il n'a jamais eu connaissance, on ne voit de sa part aucun projet, aucun plan d'attaque. Il n'avait ni hommes ni argent à sa disposition. On ne peut pas considérer comme des mesures la distribution de ses cartes et de ses proclamations; car autrement tout homme qui distribuerait des signes de ralliement prohibés ou des écrits séditieux, serait coupable de complot, ce que la loi ne veut pas.

Marseille, chez Antoine RICARD, Imprimeur du Roi et de la Ville, rue Paradis, n°, 31.

SUITE du Procès des auteurs et fauteurs de la Conspiration de 1816.

Ici l'orateur trace un tableau rapide et animé de la conjuration de Catilina, de celle de Mallet; de ces deux conspirations, dit-il, retombons aux projets de Pleignier, nous ne trouvons que vide de plans, de mesures, de moyens d'exécution; nous ne trouvons que démence.

Vous serez sévères, ajoute-t-il, mais vous serez justes; contens d'appliquer la loi, vous n'irez pas plus loin qu'elle; et vous n'oublierez pas cette belle pensée de M. l'avocat-général: « si elle vous a remis un glaive, elle vous a aussi » remis une balance. » Au reste, cette affaire, quelque malheureuse qu'elle soit, ne sera pas sans utilité pour l'opinion publique; elle apprendra aux hommes à se défier de ces projets formés dans l'ombre, et de ces associations dont le mystère frappe toujours les imaginations ardentes. Ils craindront d'en courir les chances dangereuses, parce qu'ils craindront, au lieu d'hommes puissans, d'y trouver un corroyeur et un maître d'écriture.

. fais si Pleignier doit être sévèrement puni de sa démence, effacez, effacez du moins de votre esprit cette fatale idée du complot. Que le criminel, mais malheureux Pleignier, aille gémir sur ses projets, loin du sol qui l'a vu naître! Il est assez à plaindre, celui que sa patrie abandonne, celui sur-tout qu'elle relègue au-delà des mers, sous le ciel brûlant des tropiques. Dénué de tout, sans moyens d'existence, sans asile, dévoré par une terre qui ne reçoit d'habitants que pour les engloutir, les peines de l'imagination se réunissent aux maux physiques pour l'accabler encore. Il tourne en vain ses regards vers ce pays, auquel se rattachent tous ses souvenirs, où reposent tous ceux qui lui sont chers, sa femme, ses enfans; d'un stérile rivage, il les cherche, il les appelle..... les mers l'arrêtent, ses cris se perdent dans l'espace.... Fatale existence, plus cruelle cent fois que la mort même!.. Pleignier ne vous la demande pas, Messieurs; c'est une femme jeune encore, ce sont des enfans en bas-âge qui vous la demandent pour lui......

(Pleignier paraît plongé dans le plus profond désespoir; il cache sa tête entre ses mains pour étouffer ses sanglots.)

M. le président. Me. Mauguin, le zèle de votre défense vous emporte trop loin. La loi pleine de sagesse ne permet pas, même dans l'intérêt de l'accusé, de peindre les suites d'une décision juridique. L'humanité même du défenseur devrait lui défendre de présenter ce triste tableau. Dans un instant, devenu plus calme, vous sentirez la justesse de mon observation.

M. Bexon, chargé de la défense de Carbonneau, reproduit avec de nouveaux développements la discussion de M. Mauguin. « Si Carbonneau, dit-il, paraît avoir pris une part active à la confection des cartes, à la copie de la proclamation, à la rédaction des notes, au moins ne l'apperçoit-on plus aux réunions dans les cabarets. La part qu'il avait prise à cette affaire n'était que le résultat des cruels bienfaits de Pleignier et de la dangereuse reconnaissance qu'il avait inspirée à Carbonneau. Peut-être, Messieurs, ne verrez-vous en lui qu'un malheureux accablé sous le poids de la misère, ne songeant qu'à la rendre plus suportable, et, par l'espoir d'y parvenir, entraîné sans y réfléchir dans une affaire dont on avait soin de lui cacher les suites. Peut-être, à l'espèce d'intérêt que vous ont inspiré ses remords et sa franchise, sa femme et ses quatre enfans, que j'ai vus couvert des lambeaux de la misère, et qui vous implorent par ma bouche, pourront-ils ajouter quelque de sentiment de pitié !

Carbonneau se lève ensuite et lit un papier qu'il tient à la main. Il s'y représente comme entraîné par l'ascendant de Pleignier qui l'avait secouru dans la détresse, lui et surtout sa famille. Le malheur que je déplore le plus, dit-il, c'est d'avoir entraîné trois personnes dans le précipice. Mais il s'agit de tranquilliser le Gouvernement. Vous connaissez par moi la rédaction de l'adresse, celle de la note, la création et le numérotage des cartes. On a répandu le bruit que cette affaire était dirigée par de grands personnages, et l'on ne peut les soupçonner. Ce mystère est facile à expliquer : Pleignier, sans nom et sans crédit, ne pouvait manquer de faire perdre tout crédit à l'entreprise ; il a donc supposé que des personnages marquans dirigeaient tout. Je l'ai répété moi-même d'après Pleignier ; mais on ne les a jamais nommés, parce qu'on ne pouvait pas les nommer. Je dis donc ici, qu'à ma connaissance Pleignier n'a été mis en œuvre par aucune personne qui fût dans Paris ou hors de Paris. Je ne lui ai jamais vu recevoir aucune lettre. L'argent qu'il m'a prêté je présume qu'il l'a emprunté à quelques personnes à qui il le doit sans doute encore. Ceux qui supposent que cette affaire est importante, ont été bien trompés.

Il finit en recommandant sa femme et ses trois enfans à l'intérêt du juri.

M. Dumolard, avocat de Tolleron, trouve dans la conduite et les sentimens de son client dans la franchise qu'il a montrée dans l'instruction et dans l'audacieuse sincérité de ses aveux et de ses déclarations, tous les caractères et les effets du fanatisme, d'après la définition de M. l'avocat-général; mais la loi ne confond point l'aveuglement avec la scélératesse.

Sans doute Tolleron est coupable; mais quel est son crime? Il n'a pu prendre part à aucun attentat (acte commis), ni à aucun complot (résolution d'agir, d'en venir aux effets), puisqu'il fut étranger à la conférence où d'atroces propositions ont été faites par le nommé Scheltien, et rejetées à ce que disent presque tous les accusés, agréées si l'on en croit ce seul témoin. Tolleron doit donc être considéré comme ayant été déterminé par sa fanatique exaltation à ne pas révéler des projets criminels, à distribuer des signes de ralliement, et à publier un écrit provoquant le renversement de l'autorité légitime, crimes graves sans doute, mais prévus et caractérisés par le Code pénal et par la loi du 9 novembre 1815, et qui conséquemment ne peuvent être ceux qui sont prévus et caractérisés par les articles du Code relatifs aux attentats et complots.

Audience du 5 *Juillet.*

M. Boulanger, avocat de Lefranc, a la parole. Son client impliqué à son insu dans l'affaire de Babeuf, persécuté par Buonaparte, doit sa liberté au retour du Roi. Dans le repos dont il lui était enfin permis de jouir, il a composé un ouvrage contenant la relation de son séjour dans le Nouveau-Monde; ce livre respire à chaque page les sentimens d'indignation qu'il éprouve contre l'auteur de tous ses maux..... Est-il donc vraisemblable qu'il ait pu conspirer pour replacer son fils sur le trône?

Lefranc a porté la planche de la proclamation à Carbonneau. Carbonneau, devant le juge d'instruction, a dit qu'il lui avait recommandé de la briser; mais cette déclaration n'a pas été constante, et à l'audience, il a déclaré qu'il ne savait à qui attribuer ce propos.

Comment Lefranc serait-il complice de la conspiration? il n'y a pris aucune part; il n'a jamais été mis en rapport avec Pleignier; il n'a point assisté à la réunion du 26 avril; il est architecte, et ce n'est pas lui qui a levé le plan qui figure dans les pièces du procès.

S'il a existé un complot, Lefranc y a été étranger ; il ne peut pas même être réputé complice de l'impression de la proclamation séditieuse ; car, encore une fois, lorsqu'il a porté la planche à Carbonneau, il ignorait que ce fût une planche; pour lui ce n'était qu'un paquet enveloppé de linge.

C'est avec aussi peu de fondement qu'on l'accuse d'avoir distribué la proclamation et les cartes, puisqu'il n'y a pas une personne qui soit seulement soupçonnée d'avoir reçu une carte ou une proclamation de cet accusé.

Le défenseur de Charles, Me Puydebat, écarte d'abord la charge qu'il résulte contre son client de ce que Carbonneau a accusé Charles d'avoir composé la planche de la proclamation. Ce n'était qu'une supposition fondée sur ce que c'était Charles qui l'a lui avait envoyée. Si Charles avait composé la planche, il aurait aussi tiré les exemplaires. Mais comment l'aurait-il composée, il était lui-même hors d'état de travailler, il n'avait pas d'ouvriers ; peut-on supposer qu'il se fût confié à untiers ?

L'expertise constate qu'il y a identité entre les caractères employés à la composition de la planche et ceux de Charles ; mais une pareille opération faite chez un autre imprimeur aurait pu produire le même resultat ; les caractères n'ont-ils pas pu subir quelqu'altération, et d'ailleurs la différence entre l'E grande capitale de la proclamation et les lettres pareilles de l'imprimerie de Charles, établi suffisamment que les caractères ne provenaient point de son imprimerie.

Enfin, Charles eût-il coopéré à l'impression de la proclamation, il n'aurait pas été complice du prétendu complot. Carbonneau et Tolleron ne l'avaient pas initié dans le complot, qui n'existait pas encore ; la loi du 9 novembre dernier lui serait seule applicable.

Me. Poultier, en défendant la femme Picard, s'est attaché à prouver qu'elle n'avait agi que par légèreté, par imprudence. Elle a reçu de Pleignier des cartes, des proclamations, sans en connaître le but, sans même en avoir pris connaissance. Quant à la note explicative, il n'est pas vrai qu'elle l'ait reçue de Pleignier et transmise à Desbaunes. Ce fait n'est établi que par la déclaration de Desbaunes, déclaration doublement suspecte; d'abord, cet accusé a grand intérêt à faire croire qu'il n'a communiqué avec le chef présumé de la conspiration que par l'intermédiaire d'un tiers, et d'une femme; ensuite les variations de ses déclarations ne leur laissent aucun caractère de véracité.

Marseille, chez Antoine RICARD, imprimeur du Roi et de la Ville, rue Paradis, n°. 31.

Suite du Procès des auteurs et fauteurs de la Conspiration de 1816.

Dans cette partie de son plaidoyer, l'avocat a tiré un grand avantage de cette question de la dame Picard à Desbaunes et à Pleignier qui lui annonçaient un changement de Gouvernement ; *Que deviendra donc le Roi ? y aura-t-il du sang de répandu ?* Elle ignorait donc le texte de la proclamation et celui plus précis encore de la note qui ne laissait aucun doute sur la nature de ce projet infernal.

Après une interruption d'une demi-heure, l'audience continue. Plusieurs témoins indiqués par Pleignier sont entendus. Bapst a connu Charles à Bordeaux. C'était un très-chaud patriote, mais il a rendu beaucoup de services qui lui ont valu un emprisonnement de 69 jours.

Debelle, corroyeur ; Gelly, bottier ; Perrin, corroyeur, ont vu Pleignier extravaguer ; il n'était pas fou, mais braque.

Housel, aussi corroyeur, dépose qu'il a toujours vu dans Pleignier un très-honnête homme.

Le président donne la parole à M. Bexon, défenseur de Desbaunes.

Après quelques mots sur la famille de l'accusé

M. Bexon cherche à justifier sa conduite politique. — Garde-du-corps de S. A. R. MONSIEUR en 1814, et décoré en 1815 de la croix d'honneur, il fut un de ceux qui se montrèrent au 20 mars les plus ardens contre l'usurpateur. Son corps ayant été licentié à Béthune. . . .

M. le président. Il me semble qu'il faudrait s'abstenir de plaider des faits historiques qui ne sont nullement fixés. Personne ici ne connaît, dans toute l'étendue, sous toutes leurs faces, les faits qui se sont passés à Béthune. Il faut là-dessus attendre le jugement de l'histoire, et vous renfermer dans la cause.

M. Bexon. Il est de notoriété publique....

M. le président. Vous rappellez des jours de deuil.

M. Bexon. On lui reproche dans l'acte d'accusation d'avoir abandonné la cause du Roi.

M. le président. On lui reproche d'avoir abandonné la cause du Roi, parce qu'à la fin de juin, ayant été fait prisonnier par des gardes-du-corps, ses anciens camarades, il cria *vive l'Empereur* !

M. Bexon entame le récit des faits. Il représente Desbaunes excité à de nouvelles imprudences par M. Deverneuil, qui, dit-il, l'a ensuite dénoncé.

M. le président. Quoi! vous pourriez traiter de dénonciateur un loyal sujet du Roi, un chevalier de Saint-Louis, qui fidèle au serment qu'il a prêté en recevant cet Ordre, et parlant devant la justice, a révélé tout ce qu'il avait appris de contraire à la sûreté du monarque et du Gouvernement ? Servez-vous, M. Bexon, de toutes les armes permises pour défendre votre client, mais n'en cherchez point pour attaquer un militaire qui a besoin de conserver son honneur dans toute sa pureté et dans tout son éclat. M. le chevalier de Verneuil n'est point ici pour vous répondre : il est sous la protection de la loi, et je remplis les fonctions de mon ministère en vous contraignant à le respecter.

M. Bexon. J'avais eu l'honneur de demander à la cour l'audition de divers témoins qui auraient jeté du jour sur ce fait : la cour n'a pas jugé à propos de m'accorder cette grâce. Mon devoir me commande expressément tous les moyens propres à prouver que Desbaunes a été un homme égaré par des suggestions.

M. le président. Vous étiez libre de faire assigner ces témoins à votre enquête. Je n'ai pu les mander en vertu du pouvoir discrétionnaire, parce que vous n'avez point précisé les faits sur lesquels vous invoquiez des témoignages.

M. Bexon. En ce cas, je renonce à toute défense.

M. le président. Si vous avez des faits à articuler, posez-les, et la cour délibérera sur la question de savoir si les témoins seront appelés.

M. Bexon. La cour sent bien que je ne puis me compromettre en dénonçant des faits qui ne seraient appuyés sur la déclaration d'aucun témoin.

M. le président. Faites une chose bien simple, placez les faits dans la bouche de votre client.

M. Bexon. Il ne les sait pas.

M. le pérsident. Vous engagez ici un débat extraordinaire ; vous voulez faire penser à MM. les jurés que vous savez des faits très-importans pour éclairer leur religion, et vous ne voulez pas les articuler. Précisez-les : s'ils sont graves et concluans, la cour admettra les témoignages.

Après quelques momens de silence, M. Bexon continue l'examen des dépositions. M. de Verneuil lui-même déclare qu'il a toujours vu Desbaunes flottant, indécis.

Desbaunes, d'ailleurs, dit-il, n'a pris aucune part aux délibérations, aux conciliabules des conspirateurs, s'il est vrai qu'il a existé une conspiration. Il n'a eu aucun rapport avec Pleignier, Carbonneau, Tolleron. Il ne les connaissait pas. Il n'est pas coupable de complicité dans ce prétendu complot. Il ne peut donc pas être condamné comme distributeur d'écrits séditieux, puisqu'il n'en a remis qu'à une seule personne qui les lui demandait.

M. Gouin, avocat de Dervin, a reproduit dans son plaidoyer le système que son client avait soutenu aux débats. Il était convenu avec Scheltien d'observer, de pénétrer les desseins des prétendus patriotes, pour les révéler, et par ce service obtenir des emplois. Cette révélation a été faite, Scheltien seul en a reçu le salaire; et Dervin, victime de la perfidie d'un faux ami, a été compris dans le nombre des coupables.

Me. Carré, chargé de la cause d'Emmanuel Oseré, s'est efforcé de démontrer que son client n'avait jamais eu connaissance des faits qualifiés complot et attentat; et quand même il les eût connus, il ne devait pas les révéler, puisqu'un des ses frères, ou même ses deux frères, eussent été compromis par sa déclaration. Or, la loi n'ordonne pas à un frère de dénoncer son frère; la nature et l'honneur le défendent.

Me. Gautier Biauzat défend les frères Jacques et Henry Oseré. Il démontre qu'il n'est pas possible que l'échoppe étroite où le premier exerçait sa profession d'écrivain public, ait pu servir de lieu de réunion aux soi-disant conspirateurs. Cette espèce de bureau, pouvant contenir au plus trois ou quatre personnes, situé dans une place publique très-passagère et voisine de la prefecture de police, était peu propre à une pareille destination. Henry Oseré a donné l'adresse de Bellaguet : mais ce fait ne pourrait être considéré comme une preuve ou un indice de complicité, que s'il était prouvé que Bellaguet fût lui-même auteur ou complice d'une conspiration, ce qui n'est pas constant. Les deux frères se sont trouvés au cabaret de Souchon le 26 avril ; mais rien ne prouve qu'ils aient pris part à la délibération qu'on prétend y avoir eu lieu. Le ministère public a cessé de poursuivre Jacques Oseré, quant au chef de complicité. Les deux accusés ne peuvent être atteints par l'accusation de non révélation, attendu la disposition de la loi, qui dispense un frère de dénoncer son frère.

Me. Berville s'est borné, dans la défense de Sourdon, à établir que l'intention de cet accusé était de tout révéler à la police.

Après lui Me. Chevallier, défenseur de Descubes, a pris la parole. Descubes ne pouvait être complice d'un projet dont il connaissait toute l'absurdité. Il ne peut être considéré comme complice de non révélation, car il connaissait les intentions de Gonneau.

Me. Claudaz, avocat de Gonneau, a fait valoir la déclaration de M. Cahier en faveur de son client. C'est à elle qu'il a rattaché toute sa cause.

Me. Lebon a la parole pour Bellaguet. Il n'a rien vu, il n'a été vu de personne; il a reçu la visite de Descubes, à qui son adresse avait été donnée par Oseré; mais ses relations avec les frères Oseré n'avaient pour objet que de s'informer des nouvelles du capitaine de ce nom; et c'était pour lui parler du capitaine Oseré, que Descubes désirait l'entretenir. Si Bellaguet a joué un rôle si important dans l'association, qui peut mieux le savoir que Pleignier?

Paalez enfin, dit le défenseur en s'adressant à Pleignier, rompez un silence obstiné. Quel est Bellaguet? qu'a-t-il dit, qu'a-t-il fait pour l'intérêt de l'association? Etes-vous engagé au silence par un serment? Eh bien! je vous ne délie, au nom de Bellaguet. Parlez et démasquez l homme qui fut le dépositaire des secrets du complot. Vous restez muet : votre silence est plus éloquent que ne le pourrait être mon faible organe. Vous ne connaissez pas Bellaguet; il est étranger à vos projets, à votre entreprise; il est innocent.

M. Legoix a ensuite défendu Diétrich. Il présente son client comme un homme d'un esprit aible, borné. On lui a donné des cartes, une proclamation; il ne les a pas même lues. Ce n'est que le lendemain qu'il en a pris connaissance ; et si la police ne l'avait pas arrêté sur-le-champ, lui-même aurait été l'en instruire. N'est-il pas assez puni de son imprudence par deux mois de prison, par la perte de son état, et par une perte bien plus sensible encore. Sa fille, âgée de vingt-quatre ans, a été précipitée au tombeau par la douleur de voir son père dans les fers. Lui refuserez-vous d'aller consoler sa malheureuse épouse, et ne penserez-vous pas qu'il est digne de votre pitié !

Me. Buydebat a parlé pour les deux Bonnassier, père et fils. Il a cherché à les faire considérer comme des hommes sans importance, débitant sans les croire des nouvelles extravagantes ; il a ensuite soutenu que la distribution d'une carte à une personne, ne constituait pas la distribution caractérisée par la loi. Au reste, dit-il, la carte porte les mots : *union, honneur, patrie* ' devise glorieuse, qui depuis long-temps est celle de la nation.

Marseille, chez Antoine RICARD, imprimeur du Roi et de la Ville rue Paradis, n°. 31

SUITE du Procès des auteurs et fauteurs de la Conspiration de 1816.

Me. Gonin, avocat de Lebrun, soutient que Lebrun n'a eu aucun rapport avec les prétendus conjurés, n'a assisté à aucune entrevue. Il a reçu des cartes et trois proclamations; mais il les a brûlées. Il n'a participé à aucun complot, et l'on sait que depuis long-temps il désirait d'être employé à la police comme agent secret. Pour faire sa révélation à la police, il n'attendait que le moment où il aurait des renseignemens plus étendus et plus certains. Il a présenté à S. Exc le ministre de la police des pétitions pour demander à être employé, et ces démarches ne peuvent laisser de doutes sur ses intentions.

Me. Decrusy, avocat de Philippe, a reproduit le sytême soutenu par son client pendant le débat

Me. Tourret, avocat de Lascaux, et Me. Derville, avocat de Warin, passent légèrement sur la soustraction de six bouteilles de vin qui est imputée à leurs cliens. Ils soutiennent que ces deux accusés ne peuvent pas être déclarés coupables de distribution d'écrits séditieux, puisqu'ils n'ont eu qu'une seule copie de la proclamation, et qu'ils ont remis cette copie à M. le chevalier de Mathis, pour qu'il pût la faire connaître à la police. Me. Tourret reconnaît, au reste, que Lascaux a porté la croix de la Légion d'honneur sans en avoir le droit.

Audience du 6 *juillet.*

A 10 heures et demie l'audience est reprise.

M. le président. Je dois faire une observation que nos mœurs anciennes auraient trouvée extraordinaire, mais que nos usages nouveaux rendent indispensable. On me remet à l'instant le numéro du 6 juillet du *Journal des Débats*. Le rédacteur a fixé une interruption que j'ai cru devoir faire lors de la plaidoierie de Me. Bexon. Le défenseur s'occupait des événements qui ont eu lieu à Béthune, et dans lesquels l'accusé Desbaunes n'était point inculpé, non plus qu'aucun Français. J'ai déclaré que, dans les cours de justice, on devait se concentrer dans les intérêts de son client, de plaider sa cause, et non pas discuter l'histoire. On a été beaucoup trop loin dans le *Journal des Débats*, en me faisant employer une expression dont je ne me suis pas servi. Je n'ai point dit: Le *prétendu* licenciement de Béthune; je n'ai point caractérisé cet évènement, et j'engageais Me. Bexon à user de la même réserve. J'invite MM. les journalistes à prendre note de mon observation pour réparer l'erreur qui s'est glissée dans le *Journal des Débats*.

On continue d'entendre les défenseurs des accusés.

Me Lebon, défenseur de Drouot, soutient que son client ne connaissait pas l'importance et le but de la proclamation, quand il a permis que Lejeune en prît copie. Il soutient en outre que ce n'est pas Drouot qui a indiqué Lejeune à Lascaux et à Warin. Il leur eût communiqué directement la proclamation qu'il avait en sa possession, au lieu de les envoyer à Lejeune.

Me Touret, avocat de Lejeune et de Houzeau. Si le premier de ces deux accusés a permis à Lascaux et à Warin de prendre une copie de la proclamation qui lui avait été communiquée, c'est après leur avoir fait promettre que la copie serait portée à la police. Quant à Houzeau, c'est un imbécille qui est presque toujours ivre. La proclamation qu'il a eue en sa possession lui avait été glissée dans la poche, pendant qu'il était au cabaret. Lorsqu'il en a donné lecture comme *de quelque chose de gentil*, il ne l'entendait pas.

Me Gonin, défenseur de Cartier. Son client est un brave et ancien militaire, qui sait se battre, mais qui ne sait pas lire. On lui a donné des cartes en lui disant qu'elles portaient les mots *union*, *honneur*, *patrie*, et qu'elles préserveraient de tout malheur, en cas de changement de gouvernement. Il ne put rien y voir de criminel.

Me Brasseux, avocat de Garnier, emploie le même moyen de défense, en lui donnant de nouveaux développemens.

Me Carré, défenseur de Plançon, soutient que son client n'avait point remis de cartes ni à Garnier, ni à aucune autre personne.

Tous les avocats ayant parlé, M. le président demande successivement aux vingt-huit accusés s'ils n'ont rien à ajouter à leur défense.

Pleignier se lève. C'est moi, dit-il, qui ai fait la proclamation et les cartes; tout le reste m'est étranger. Je m'en rapporte à la sagesse, à l'équité, à l'humanité de MM. les jurés.

Carbonneau. Messieurs les jurés, dans la pénible position où je me trouve placé, tourmenté à la fois par le repentir sincère de m'être laissé entraîner aux funestes bienfaits de Pleignier qui cause notre malheur à tous, par la douleur de me voir considéré peut-être comme plus coupable que je ne le suis en effet, par le souvenir cruel de ma famille infortunée, il me sera certainement très-difficile de trouver une série d'expressions assez persuasives pour achever de vous convaincre non de mon entière inculpabilité, mais au moins de l'entière différence de mon crime avec celui du malheureux Pleignier. Puisse-t-il se pardonner à lui-même ses égaremens terribles, comme je lui pardonne d'être la cause des peines où m'entraînèrent ma faiblesse et sa fatale générosité !

Après avoir remercié son défenseur de ses généreux efforts, Carbonneau répète qu'il n'y a point eu de complot arrêté, concerté et discuté entre Pleignier et lui, et qu'aucune résolution n'a jamais été prise entre eux deux, pour parvenir à l'exécution de l'attentat qu'on lui impute en raison de la proclamation. Je n'entreprendrai point, continue Carbonneau, de vous prouver qu'il ne pouvait point y en avoir. MM. les avocats se sont tous accordés et tous réunis à cet effet. Je me contenterai seulement de vous jurer devant Dieu qu'il n'y en a point eu, parce que jamais je n'ai été que le serviteur forcé de Pleignier. Vous n'imaginerez pas sans doute, Messieurs les jurés, que je voulusse prononcer un serment blasphémateur, et qu'en voulant éviter la vengeance humaine, je voulusse attirer sur ma tête la vengeance céleste. J'attends avec résignation, Messieurs les jurés, le résultat de vos délibérations. Quelle que soit la peine que l'on m'impose, je la subirai sans murmurer; je tâcherai d'expier ma faute avec courage. Un jour, si je puis, comme je l'espère, reparaître dans la société, je regagnerai par ma conduite l'estime de mes concitoyens. Rentré dans le sein de ma famille, je serai plus digne d'elle, et mes enfans pourront encore sans rougir me prendre pour modèle.

Tolleron. Messieurs, dans l'acte d'accusation je suis présenté comme l'un des plus ardens coriphées de la fédération parisienne, comme l'homme le plus séditieux de la capitale. Le premier cas ne peut avoir aucun rapport à cette affaire; (pour le second je défierais qu'on en fournît la moindre preuve.)

L'acte d'accusation porte que tous les accusés ont d'abord employé le système de dénégation. Je suis, Messieurs, une exception à la règle Le 3 mai, cinq minutes après mon arrestation, on m'interroge, et la verité a dirigé mes premières réponses. Vous avez pu voir que je n'ai jamais cherché à déguiser la vérité sur tout ce qui me regarde dans cette affaire. J'ai cru, on a eu soin de me l'assurer, me faire un mérite aux yeux de mes juges de parler avec la plus grande franchise. Si je ne me suis trompé, elle a servi à me perdre, mais tel est mon caractère, que je préfère être puni ayant dit la vérité, que d'avoir sauvé ma vie par le mensonge.

On me reprochera d'avoir usé de réserve sur ce qui concernait mes co-accusés. Quoi! moi, j'aurais livré aux tribunaux un ami, un père de famille, Carbonneau enfin! Ah! Messieurs, le législateur qui a infligé des peines si terribles à la non révélation, connaissait bien le cœur des vrais Français, il savait quel mépris nous attachons au seul nom de délateur. Pour moi, Messieur, la nature, qui m'a doué d'un courage à toute épreuve, m'a donné aussi une âme sensible et généreuse. Je saurai supporter mon sort, quelque rigoureux qu'il soit, mais je n'aurais jamais pu survivre au premier regard du mépris.

Je suis accusé d'avoir trempé dans un complot qui aurait été dirigé contre la vie du Roi, et de m'être laissé entraîner par l'appât des récompenses qui m'auraient été promises par Pleignier. Je jure que ce ne fut point le motif qui me fit prendre part à cette machination. Si je suis coupable, Messieurs, la véritable cause de mes démarches ne peut être attribuée qu'aux vexations continuelles des personnes du parti contraire à celui que j'avais servi avec honneur, lorsque les lois m'en faisaient un devoir. Si je n'avais été poursuivi l'an dernier avec la plus grande injustice, je ne me trouverais pas aujourd'hui sur le banc des accusés. J'étais innocent alors, et l'on m'a traité en coupable : c'était me forcer à le devenir ; mais je jure de nouveau que mes intentions n'ont jamais été d'être un assassin. J'ai pu désirer le retour d'un gouvernement sous lequel je fus élevé ; mais ce n'est pas par le meurtre que j'eusse désiré le voir rétablir. Un soldat, qui a servi sa patrie pendant nombre d'années, et qui a eu l'honneur d'être distingué de nos généraux au point d'être employé comme secrétaire d'état-major à l'armée d'Espagne, ne peut être mu par le vil appât des récompenses, ni prêter son bras pour commettre un assassinat. Si je suis courageux, audacieux même, c'est contre les ennemis de la patrie que j'en ai donné des preuves ; et s'il fallait encore que mon bras devînt nécessaire, on me verrait voler à sa défense, sous quelque gouvernement que ce soit.

Marseille, chez Antoine RICARD, Imprimeur du Roi et de la Ville, rue Paradis, no, 31.

SUITE du Procès des auteurs et fauteurs de la Conspiration de 1816.

La femme Picard. M. le président, je n'ai rien à ajouter à mes moyens de défense que de prier MM. le jurés, qui vont décider sur mon sort, d'avoir égard à une malheureuse femme bien repentante, n'en doutez pas, de s'être laissée entraîner dans de si grands malheurs; mais je les supplie de croire que jamais le crime n'est entré dans mon cœur. Je suis bien coupable, j'en conviens, d'avoir eu la faiblesse de recevoir ces maudites cartes et de ne pas l'avoir confié à mon mari. Je n'ai de remords que sur ce point, parce que je ne me serais pas trouvée dans la malheureuse position où je suis. J'ose aussi vous prier d'avoir égard au sort de M. Desbaunes : c'est moi, Monsieur, qui suis cause de son malheur; il appartient à une honnête famille, à qui j'ai de grandes obligations. Dans mon enfance, son père m'a rendu de grands services, et aujourd'hui, pour reconnaître ces services, c'est moi qui viens être cause que son père sera privé de recevoir ses embrassemens. Faites, Messieurs, je vous en supplie, que la faute retombe sur moi seule : rendez à un malheureux père un fils qui n'a cessé de le chérir. Ainsi, Messieurs, je subirai la peine que j'ai méritée, et je n'aurai pas la honte, quand j'irai dans son pays où je vais souvent, de recevoir les reproches de son malheureux père. Croyez bien, Messieurs, que ce n'est pas moi qui lui ai remis cet écrit dont il m'a accusée. Quelle que soit ma peine, je la subirai avec résignation. Je suis coupable, je dois être punie; mais à l'avenir on n'aura jamais à se plaindre de moi. Hélas! Messieurs, j'ai encore quelque chose qui m'affecte : c'est mon pauvre cousin Bonnassier, un père de famille qui m'a toujours donné de si bons conseils, et qui m'a servi de père pour me marier. De grâce, Messieurs, si, comme moi, il a commis une faute, il n'est pas à s'en repentir. Je vous en prie, ayez pitié de lui et de son malheur. (Pendant ce discours la femme Picard a donné les marques du plus profond repentir; ses pleurs et ses sanglots lui ont plusieurs fois coupé la parole.)

Desbaunes. Pour dire la vérité toute entière, et pour prendre sur moi toute la faute; je déclare que c'est moi qui ai demandé la note, et que la dame Picard ne se l'est procurée et ne me l'a remise qu'à ma prière.

Sourdon, dans un long discours, reproduit tous ses moyens justificatifs.

Les autres accusés ayant déclaré n'avoir rien à ajouter à leur défense, M. le président prend la parole en ces termes :

« Messieurs les jurés,

» C'est une suite inévitable des révolutions, que ces tentatives désespérées des factieux qui cherchent à se saisir d'un instant de pouvoir, et ne réussissent pas même à fatiguer le repos d'un gouvernement légitime. Lorsqu'une antique et illustre monarchie a été remuée pour ansi dire dans ses institutions, que tous les rangs y ont été confondus, toutes les conditions déplacées; que tout, jusqu'aux idées, y ont subi des changemens, l'Etat ne peut se rasseoir sur ses principes sans éprouver quelquefois des ébranlemens et des secousses. L'orgueil qui perd les individus comme les empires, jette encore quelque temps le trouble dans la société. Il est des hommes qui, bercés des rêves d'une égalité chimérique, ne peuvent supporter que l'éclat des réputations contemporaines, se révoltent contre les souvenirs de l'histoire, s'irritent de ce qu'une famille a des ayeux, et s'indignent de ce que depuis longtemps une race est appelée vaillante ou juste.

» D'autres, nés au sein des événemens et comme au milieu des tempêtes publiques, appelé sous les drapeaux à ces époques où la force fait le premier besoin des peuples, déchus d'un rang que des combats avec l'Univers auraient pu seuls leur faire conserver, rougissent des humbles professions qu'ils ont reprises, de l'obscure condition dans laquelle leur naissance les avait placés, et en s'efforcent à tout prix de soulever une destinée dont le poids les humilie et les tourmente. Dautres enfin, tout absorbés par des soins personnels, frappés dans les intérêts de leurs propriétés, ou trompés dans les calculs de leurs spéculations commerciales, rejettent sur les fautes de l'administration publique les torts ou les désastres de leur administration particulière, et sentent chaque coup de la fortune comme un crime du gouvernement.

» Qu'une main puissante ou seulement audacieuse vienne à rallier tous ces intérêts, elle dresse bien vite des auxiliaires et les lance dans la sphère des mouvemens politiques, des séditions et des attentats.

» Mais si des passions haineuses et cruelles cherchent encore à s'agiter et às'aigrir, elles ne peuventpour ainsi dire travailler que sur elles-mêmes, elles s'usent chaque jour et ne tarderont pas à perdre toute leur activité et leur énergie ; ainsi, Messieurs les jurés, dans la cause si grave qui occupe depuis si long-temp votre sagesse, et qui va bientôt occuper votre justice, soit que vous ayez, comme dit l'accusation, à marquer le crime du sceau de votre arrêt, soit comme la défense l'assure, vous n'ayez à gémir que sur la folie ou l'erreur, on n'a pas moins à rendre grâces à l'activité d'une administration vigilante qui prévient les terribles effets de la scélératesse ou de la démence, et qui amène à vos pieds les coupables ou les insensés.

» De quel œil en effet, Messieurs, allez-vous envisager cette grande et terrible accusation qui pèse sur tant de personnes, se compose de tant de détails, semble annoncer des desseins si vastes, si funestes, si menaçans ?

» Penserez-vous avec l'accusation que des furieux en proie au plus absurde et au plus féroce fanatisme, voulaient plonger la France dans le deuil, l'Europe dans le désordre, et sans calculer leurs moyens hors de proportion avec leurs projets, avaient déjà porté les premiers coups de la guerre impie qu'ils ayant déclarée, marchaient à pas ténébreux, mais à pas comptés dans la route du crime, et n'ont laissé leurs armes que devant l'œil qui les a pénétrés et le bras qui les a saisis ?

» Direz-vous au contraire avec la défense,

que la folie de leurs desseins en efface en quelque sorte la criminalité ; que s'ils cherchaient à aigrir les passions, ils ne demandaient pas à les conduire ; que les uns ont été des hommes égarés par les rêves d'une imagination délirante, les autres victimes d'une confiance aveugle, ceux là les jouets de leur crédulité, et que s'ils avaient pour la plupart feint d'embrasser avec une ardeur coupable des projets insensés ou d'horribles complots, ils les auraient ensuite rejetés avec indifférence ou dévoilés avec énergie.

» Vous peserez, Messieurs, aux poids du sanctuaire les actions de ces hommes dont la vie presqu'entière vous est connue ; vous apprécierez leur mobile, vous discernerez leur but, et vous prononcerez dans l'impartialité de votre âme et selon le vœu de votre serment.

» Pour moi, Messieurs, qui suis chargé par la loi de vous précéder dans cette voie de vérité et de justice que votre religion va suivre, je regrette que dans cette cause immense je ne puisse m'aider que de l'inspiration de mes souvenirs ; mais si dans le compte que je vais vous rendre des impressions que j'ai reçues du débat et où vous avez entendu des hommes, de position, d'habitudes, de caractères si différens, j'avais le malheur d'ôter à la défense un de ses appuis, votre mémoire toujours compâtissante pour le malheur des accusés, réparerait le tort des événemens, et serait mon plus utile auxiliaire. »

(M. le président a ensuite résumé l'accusation et la défense avec son impartialité accoutumée et une exactitude telle, que nous pouvons affirmer qu'il n'a pas omis une seule circonstance intéressante de l'instruction ou du débat. Son résumé a duré trois heures; il l'a terminé en ces termes :)

» Maintenant, Messieurs les jurés, vous allez vous recueillir dans le calme de vos délibérations, interroger tous les souvenirs du débat, méditer sur les devoirs de vos fonctions et sur tous les faits de cette cause.

» Etrangers sans doute à tout intérêt politique, ce n'est pas pour frapper l'opinion qui n'a plus besoin d'être avertie, que vous réfléchirez sur la décision que vous devez prendre.

» Déjà depuis long-temps les destins publics de l'Europe sont résolus par l'assentiment des nations et le concert des Rois. Les temps des révolutions ont passé; les peuples gardent aujourd'hui les avenues des trônes; les peuples savent que leur bonheur dépend de leur soumission à la hiérarchie sociale, que le citoyen doit vivre selon la loi, ne s'avancer que par ses travaux, ne franchir de barrières entre les rangs et les fonctions que par ses vertus et ses services ; ils ne veulent plus aujourd'hui de ces témérités politiques qui déplacent les conditions, bouleversent les destinées et ne laissent après elles que les désordres et les malheurs, et ils ne souffriraient pas plus qu'il fût aussi facile à un corroyeur de monter, qu'à un souverain de descendre.

« Mais si ce n'est pas aux besoins de l'opinion que vos jugemens sacrifient ; la loi, Messieurs les jurés, n'en règne pas moins sévèrement sur vos consciences ; c'est elle qui a tout fixé, c'est elle qui a tout prévu. Dans l'appréciation qu'elle fait des actions humaines, rien ne trompe sa sagesse. Placée en quelque sorte entre les besoins de la terre et les puissances du Ciel, veillant sur les plus augustes intérêts, elle travaille pour tous les temps ; elle garde la patrie, lors même qu'elle est toute puissante ; place le diadême sous son égide, lors même qu'il brille de toute sa splendeur. Maîtresse de toutes choses, sans doute, elle fait tomber les liens du malheureux faussement accusé de lui faire outrage ; mais dès qu'elle se sent blessée, elle exige que ses interprètes lui assurent une réparation. C'est à vous, Messieurs, à entendre sa voix et à faire sentir sa puissance.

La cour a ensuite proposé aux jurés les questions à résoudre. Cette lecture seule a duré près d'une demi-heure.

Elles n'ont donné lieu à aucun incident.

A six heures et demie les jurés sont entrés dans la chambre des délibérations.

Marseille, chez Antoine RICARD, imprimeur

SUITE du Procès des auteurs et fauteurs de la Conspiration de 1816.

Audience du 7 juillet.

A six heures du matin, l'audience est reprise.

M. Delavie donne lecture de la déclaration du jury.

Pleignier, Carbonneau et Tolleron sont déclarés coupables,

1°. D'avoir commis le crime de lèze-majesté, en commençant, ou en commettant un ou plusieurs actes pour parvenir à l'exécution d'un attentat contre la vie ou contre la personne du Roi;

2°. D'avoir commis le crime de lèze-majesté, en formant, de concert avec un ou plusieurs individus, un complot contre la vie ou contre la personne du Roi;

3°. D'avoir commencé ou commis un ou plusieurs actes pour parvenir à l'exécution d'un attentat contre la vie et contre la personne des membres de la famille royale;

4°. D'avoir, de concert avec plusieurs individus, formé un complot contre la vie ou contre la personne des membres de la famille royale;

5°. D'avoir commencé ou commis un ou plusieurs actes pour parvenir à l'exécution d'un attentat qui aurait eu pour but, soit de détruire ou changer le Gouvernement ou l'ordre de successibilité au trône, soit d'exciter les citoyens à s'armer contre l'autorité royale;

6°. D'avoir, de concert avec un ou plusieurs dinividus, formé un complot qui aurait eu pour but, soit de détruire ou de changer le Gouvernement ou l'ordre de successibilité au trône, soit d'exciter les citoyens à s'armer les uns contre les autres.

Les questions de complicité desdits crimes de lèze-majesté, attentats ou complots, en aidant ou assistant avec connaissance les auteurs dans les faits qui ont préparé ou facilité les actes commencés ou commis pour parvenir à l'exécution des attentats ou complots, posées à l'égard de Tolleron, et des accusés Charles, Lefranc, femme Picard, Desbaunes, les trois frères Oseré, de Descubes, Gonneau, Bonnassier père et fils, Lebrun, Philippe, Lascaux et Warin, ont été résolues négativement, excepté à l'égard de Tolleron.

Charles, Lefranc, la femme Picard, Desbaunes, Dervin, Lebrun, Warin, Lascaux, Henri Oseré, Jacques Oseré, Sonrdon, Descubes, Gonneau, Bonnassier père, Bonnassier fils, Philippe, ont été déclarés coupables de non révélation desdits complots.

Charles, Lefranc, la femme Picard, Desbaunes, Dervin, Lebrun, Warin, Lascaux, coupables d'avoir imprimé, fait imprimer ou distribuer un écrit contenant des provocations directes au renversement du gouvernement et au changement de l'ordre de successibilité au trône. La femme Picard et Dervin à la majorité de 7 voix contre 5.

Cartier et les seize autres individus ci-dessus dénommés, coupables d'avoir distribué un signe deralliement non autorisé par le Roi.

Lascaux et Warin non coupables du vol des six bouteilles de vin.

Lascaux coupable d'avoir porté sans droit la décoration de la Légion d'honneur.

La cour, après en avoir délibéré, s'est réunie à la majorité du jury sur les questions relatives à la femme Picard et à Dervin.

Emmanuel Ozeré, Bellaguet, Lejeune, Drouot, Houzeau, Garnier et Plançon ont ensuite été introduits, et le président a ordonné leur mise en liberté.

Il a fait ensuite amener les autres accusés, et le greffier ayant donné une nouvelle lecture de la déclaration du jury, M. l'avocat-général a requis l'application de la peine à l'égard es accusés déclarés coupables.

Carbonneau a paru très-étonné, et a dit qu'il n'avait pas une grande connaissance des lois, mais qu'il lui semblait qu'il n'y avait lieu qu'à l'application de la loi du 12 novembre.

Tolleron a pris ensuite la parole et a soutenu qu'il se trouvait dans le cas d'excuse prévu par la loi, pour les auteurs ou complices qui révèlent dans les 24 heures, puisqu'il avait tout révélé cinq minutes après son arrestation.

M^e. Boulanger, dans l'intérêt des frères Oseré et de Bonnassier père et fils, a dit qu'aux termes de l'art. 108 du Code pénal, les frères Oseré et les Bonnassier ne pouvaient être punis pour non révélation, puisque dans l'affaire il se trouvait impliqué des parens au degré prévu par la loi.

M. l'avocat-général a répondu qu'aux termes de l'art. 107, on n'était dispensé de la révélation qu'au cas où parmi les auteurs ou complices, il se trouvait un parent ou allié au degré indiqué; mais que comme aucun des frères Oseré non plus que les Bonnassier, ne se trouvait condamné comme auteur ni comme complice, l'art. 107 n'était pas applicable.

La cour s'est alors retirée pour en délibérer, et un quart-d'heure après le président a prononcé l'arrêt qui condamne Pleignier, Carbonneau, Tolleron, à avoir le poing droit coupé et la tête tranchée dans le mode prescrit pour le parricide.

Charles, Lefranc, la femme Picard, Desbaunes, Dervin, Lebrun, Warin et Lascaux à la déportation hors du territoire continental de la France.

Sourdon, Descubes, Gonneau et Philippe à dix années; Henry Oseré et Bonnassier père à huit années; Bonnassier fils à six années, et Jacques Oseré à cinq années de réclusion, au carcan, à rester, après l'expiration de la peine, toute la vie sous la surveillance de la haute-police, en fournissant un cautionnement de 1000 fr.

Cartier en cinq années d'emprisonnement, 50 fr. d'amende, à être privé d'un tiers de ses traitemens pendant deux ans, et à rester dix années sous la surveillance de la haute-police en fournissant un cautionnement de 100 fr.

Condamne en outre les condamnés solidairement aux dépens.

Le président ensuite, conformément à l'art. 58 de l'ordonnance du Roi du 26 mars 1816, a prononcé à Descubes et Desbaunes, membres de la Légion d'honneur, qu'ayant manqué à l'honneur, ils cessaient de faire partie de la Légion.

La femme Picard, en entendant l'arrêt, a jeté des cris perçans.

Pleignier a fait entendre qu'il voulait parler; le président lui a fait répondre que son arrêt était prononcé, et qu'il serait entendu dans la prison.

FIN DU PROCÈS.

Marseille, chez Antoine RICARD, Imprimeur du Roi et de la Ville, rue Paradis, n° 31.

www.ingramcontent.com/pod-product-compliance
Ingram Content Group UK Ltd.
Pitfield, Milton Keynes, MK11 3LW, UK
UKHW020209250726
13967UKWH00003B/1362